Festival People

페스티벌 피플

초판 1쇄 발행 | 2023년 9월 5일

글 | 엔젤라 권
사진 | William Burdett-Coutts, Kenny Mathieson, Angella Kwon
펴낸이 | 정태준
디자인 | 정하연
펴낸곳 | 책구름 출판사
출판등록 | 제2019-000021호
주소 | 전주시 덕진구 세병로184, 1302-1604
전화 | 010-4455-0429
팩스 | 0303-3440-0429
이메일 | bookcloudpub@naver.com
블로그 | blog.naver.com/bookcloudpub
카페 글비배곳 | cafe.naver.com/knowledgerainschool

ISBN 979-11-92858-07-4 03680

Festival People

페스티벌
피플

축제로 피어나다

글 ● 엔젤라 권

책구름

100조, 1,000조. 엄청나게 큰 숫자들은 그 크기를 가늠할 수 없기에 감흥이 없다. 내 손에 쥐어진 오만 원권 지폐만큼의 가치도 느껴지지 않는다. '세계평화, 기후변화, 공존과 상생' 등의 단어는 너무나 거대하고 중대해서 그 의미를 세세히 이해하기 어렵다. 시간을 들여 곰곰이 생각해도 지금 당장 해답을 구할 수 없는 문제들은 일상의 소소함에 우선순위가 밀린다. 브로드하고 글로벌한 메시지는 자주 공허하고 모호한 단어들의 나열로 치부된다.

2020년, 팬데믹이 선물한 멈춰진 시간 안에서 페스티벌 피플, 축제 사람들에 대한 글을 쓰며, 나는 축제가 존재하는 이유에 대해 그렇게도 거대한 단어들을 썼던 것 같다.

코로나가 우리 삶의 시간에 어떤 영향을 미쳤는지 생각해 봅니다. 누군가는 하던 일을 멈춰야 했을 것이고, 누군가는 일에 큰 변화가 없을 수도 있고, 누군가는 더 바빠졌을지도 모릅니다. 저와 제 주변은 전자에 속합니다.

그렇게 잠시 멈춰 있는 시간에 과거를 돌아봅니다. 그리고 지금의 나를 봅니다. 저의 이야기는 축제로 시작하지만 결국 사람 이야기입니다. 어쩌면 '20년 축제가 변화시킨 한 사람의 내면 이야기'일 수도 있습니다. 이 시간여행 안에서 저는 '멈춤과 좌절'로 받아들인 지금의 시간을 '채움과 도약'으로 바꾸어 가려 합니다.

글을 쓰는 동안, 축제가 존재하는 이유를 되새기며 앞으로의 20년을 기대하게 되었습니다. 다름에 대한 공감과 이해, 평등하고 평화로운 세상에 대한 희망, 차별과 혐오의 낙인 없는 세상을 위해 우리에겐 서로의 다름을 다양성으로 이해하고 받아들이고 존중할 시간이 필요한 것 같습니다. 그래서 우리에겐 축제가 필요합니다.

(2020년 4월 28일)

2023년 5월의 나는 이 말들이 '세계평화'처럼 공허하고 모호하게 들리진 않을지 우려하고 있다. 그럼에도 축제에 대한 내 생각을 이보다 더 명확히 설명할 말을 찾지 못했다.

25년의 해외 축제에서 매 순간 깨닫는 진실은 이해와 공감의 힘이다. 모르는 건 두렵고, 두려움은 적대감으로 표현될 수 있다. 알아간다는 건, 이해한다는 건, 공감한다는 건, 존중한다는 건, 문제를 더 이상 문제로 만들지 않는 힘이 있다. 서로를 알게 되면 쉽게 비난할 수 없다. 세상 어디나 사람 사는 건 별다르지 않다. 어떤 선택이 결과적으로 옳지 않았다 하더라도 속내를 알게 되면, 그게 이해가 되면 이내 측은지심이 발동하는 게 사람이다.

80개국, 300여 도시. 새로운 환경에서 새로운 사람들을 만나는 시간 속에서 나는 서로를 이해한다는 것이 가진 힘을 배웠다. 일이 최우선이었던 자기중심적인 인간은 개인의 고유한 다양성을 인정하고, 사람에 대해 조금 더 따뜻한 시선을 건넬 수 있는, 사람을 들여다보는 사람으로 변화되고 있다.

축제는 축복이고, 선물 같은 인연을 만든다. 팬데믹의 교훈으로 일상의 소중함을 깨달은 지금의 나는 서로의 20대, 30대, 40대를 기억하는 친구들과 매년 여름 축제에 모여 서로의 근황을 묻는 정도의 여유가 허락되길 기도한다.

여기에 조금의 욕심을 더하여, 관계에 깊이를 더하겠다고 다짐한다. 나의 시간을 온전히 느끼며 매 순간 감사함을 발견하고 표현하겠다고 다짐한다. 모두에게 평등하게 선입견 없이 다가가겠다고 다짐한다. 축제의 마법으로 함께 하는 페스티벌 피플의 새로운 20년을 기대하며…

Festival People

선택하지
않는 것을

선택하는
이유

누군가 선뜻 자기 어깨를 내어줄 때,
그 잠깐의 호의는 관계의 방향을 바꾼다.

관계의 시작이다.

모든 순간이 처음은 아니었으나
처음인 것처럼 설레었고,
다시 설렘이 있는 한
처음이라고 불러도 좋은 추억 속 축제로
여행을 떠난다.

에든버러 축제기간 동안 BBC 공개홀에서 진행되는 공개방송 '애프터눈 쇼 위드 그란트 스톳The Afternoon Show with Grant Stott'은 그 해 축제의 주목받는 아티스트와 공연을 소개하는 역할을 한다. 그란트는 BBC의 진행자이자 27년간 에든버러의 Radio Forth 1에서 Daytime show를 진행한 DJ로 스코틀랜드 사람들에게 사랑받는 방송인이다.

2017년 8월. 이 방송에서 나는 수백 명의 관객을 한꺼번에 박장대소하게 만드는 나의 케케묵은 기술을 또 한 번 시전하고 있었다. 이 기술은 오직 에든버러에서만 통한다. 코미디언도 아닌 내가 사람을 웃게 만드는 필살기란 에든버러 날씨에 관한 이야기다. 어느 해의 어떤 방송에서 처음 말했는지는 생각나지 않지만, 예상하지 못한 관객 반응에 본능적으로 캐치한 필살기. 에든버러 사람들은 날씨에 대한 농담에 가장 후한 웃음을 보인다.

"에든버러는 어때요? 즐겁게 보내고 있나요? How's Edinburgh? Are you enjoying your stay?"

그란트의 일반적인 '현지인' 질문에, 나는

"날씨를 너~무 즐기고 있어요. We're enjoying the weather so much."

라고 대답했다.

그 순간 예상대로 객석에서 웃음이 터져 나왔다. 그랜트와 2명의 영국 패널도 외국인 게스트의 예상치 못한 대답과 객석 반응에 신선한 즐거움을 얻은 듯, 함께 웃었다. '날씨를 즐기고 있다'라는 이 평범한 대답에 큰 소리로 웃는다면 스코틀랜드 사람이 분명하다. 가끔 스코틀랜드 친구들은 날씨 얘기를 하면 겸연쩍게 웃으며 '미안하다. I'm sorry.'고 말하기도 한다.

에든버러의 8월 날씨는 이렇다. 새벽 5시쯤 날이 밝기 시작한다. 태양이 눈부시게 아름다운 한두 시간이 지나고, 갑자기 비가 내린다. 한국에서 이런 비를 만난다면, '오늘 하루는 내내 비가 오겠군'이라고 생각할 정도로 비가 오며 주변이 어두워진다. 오전 9시, 비가 언제 내렸냐는 듯이 찬란한 햇살이 비친다. 하지만, 이 또한 오래가지 않는다. 햇살도 비도 먹구름도 나타났다, 사라지기를 끝없이 반복한다. 8월 평균 최저기온은 11~13도, 낮 기온은 18~20도지만, 이 또한 하루하루가 다르다. 어떤 날은 초겨울 코트를 입고 나가도 춥고, 어떤 날은 반팔을 입고도 땀을 흘리며 걷는다. 에든버러 날씨에 대해 잘 모르고 방문한 사람들은 '날씨가 지랄맞다'라는 격한 표현을 쓰기도 한다.

하지만, 나에겐 이 날씨 또한 에든버러를 사랑하는 이유가 된다. 이곳의 하늘은 매일의 놀라움이자 감사이자 기쁨이다. 나는 에든버러에서 걷던 걸음을 자주 멈추고 하늘을 올려다본다. 잠시 내리던 비가 그치고 비구름 사이로 햇살이 내려오면, 미켈란젤로의 '천지창조'를 맨눈으로 직관하게 될 테니…

에든버러 사람들은 말한다.

"날씨가 좋을 때, 이곳은 천국과도 같아. When the weather is right, It's like a paradise."

변화무쌍한 날씨 덕분에 우리는 도시의 다양한 얼굴을 볼 수 있다. 수백 년의 역사를 품은 올드타운의 건물들이 햇살을 받았을 때와 비에 젖었을 때, 황혼에 물들었을 때의 감동은 각기 다르다. 운이 좋다면 물안개가 낀 비밀스러운 골목에서 아서 코난 도일Arthur Conan Doyle처럼, 로버트 루이스 스티븐슨Robert Louise Stevenson처럼 셜록 홈즈나 지킬 앤 하이드를 탄생시킬 수 있을지도 모른다.

웃음이 잦아들자, 그란트는 질문을 이어갔다. 인터뷰할 때마다 받는 질문은 매년 비슷하다. '코리안 시즌은 어떻게 시작되었는가?', '몇 년째 하고 있는가?', '성과는 어떤가?', '처음 에든버러에 온 게 언제인가?', '그때와 지금의 에든버러는 무엇이 다른가?', '올해는 어떤 작품들을 가지고 왔는가?', '관객들에게 하고 싶은 말은 무엇인가?' etc.

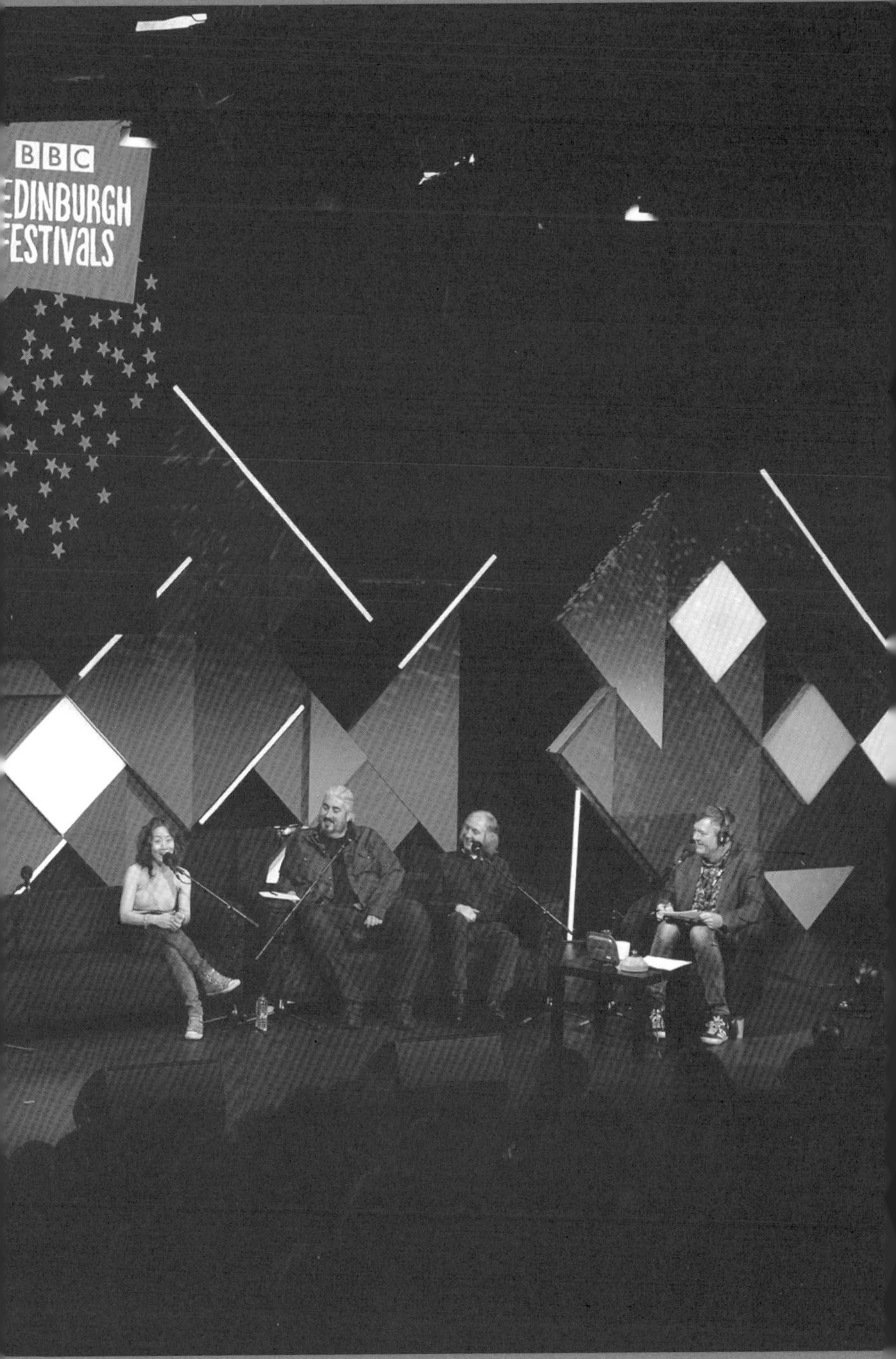
BBC
EDINBURGH
ESTIVALS

나에게는 한국의 문화와 올해의 코리안 시즌 공연을 알리려는 확실한 목적이 있고, 언론은 에든버러 축제에서 얼마나 다양한 문화를 경험할 수 있는지 알리려는 목적이 있다.

　어느 순간부터 인터뷰의 질문과 대답은 정형화되어 갔지만, 결과물은 매번 달랐다. 어떤 진행자나 리포터를 만나느냐에 따라 자연스럽고 매끄러운 재미있는 방송이 될 수도 있고, 딱딱한 정보전달 위주의 뉴스가 될 수도 있다. 동네 아저씨처럼 푸근한 그란트는 과하지 않을 만큼의 친절과 위트로 게스트를 편안하게 리드하는 진행자였다.

　날씨 다음으로 관객들의 반응을 뻔히 알고 답하는 나의 두 번째 필살기는 '에든버러 축제에 처음 참가한 건 1999년이었다'라는 사실이다. 나이의 앞 숫자가 4로 바뀐 이후부터 사람들의 반응은 정형화되었다. '대체 몇 살에 일을 시작한 거예요?' 입바른 리액션임을 알지만, 매번 기분이 좋아지고 인터뷰 분위기는 한층 가벼워진다. 나의 대답은 분위기 전환에도 톡톡히 한몫하지만, 그와 동시에 사람들에게 축제 참가 경력과 경험을 어필할 수 있어 인터뷰에 전문성을 더해 준다.

　해외 공연을 다니기 시작한 1999년부터 나의 억울함은 차곡차곡 쌓여가고 있었다. 한국 공연을 처음 접한 외국인 관객들은 공연을 즐기면서도 국적에는 별 관심이 없었다. 그저 '아시아에서 온 공연이구나.'가 전부일 때가 많았다.

관심을 갖지 않는다면 차라리 억울하지는 않을 텐데, 몇몇 관객은 공연이 끝나면 다가와,

"중국 공연인가요? 아니면 일본 공연? Is this from China? Or Japan?"이라고 물어왔고,

"한국에서 왔습니다! We're from Korea!"라고 답하면,

"한국도 공연을 만드는 줄 몰랐어요. Oh, we didn't know there's a show in Korea."라는 어이없는 이야기를 듣는 일도 있었다.

나는 우리나라가 문화강국이라는 자부심이 있다. 그중 서울은 한국 공연예술의 중심지이자, 규모와 완성도에서도 세계에서 손꼽히는 문화도시다. 100개 이상의 공연장이 모여 있고, 매일 새로운 콘텐츠가 상연되는 도시가 미국의 브로드웨이와 라스베이거스, 영국의 웨스트엔드 외에 또 어디에 있을까. 국립극장, 세종문화회관, 예술의 전당, 충무아트홀, 블루스퀘어 등 대중에게 익숙한 공연장 이외에도 대학로와 홍대에 밀집된 100여 개가 넘는 공연장을 한국 사람이면 누구나 쉽게 떠올릴 수 있을 것이다.

90년대 초 배낭여행을 시작으로 해외를 다니며 나는 우리나라의 입지를 자연스럽게 일본과 비교하게 되었다. 일본 레스토랑은 '외식Dining out하러 가는 곳'으로 데이트할 때 상대를 데려

갈 수 있는 팬시하고 멋진 곳인 반면, 한국 식당은 '어쩌다 알게 된 한국 친구를 통해 소개를 받아서 가보니 음식은 너무 맛있으나 분위기는 데이트 코스로 정할 수 없는' 이미지로 자리 잡혀 있었다.

밀레니엄 전후로 해외 축제에 참가하며 한국과 일본의 문화를 단순 비교하는 외국인 관객을 만나게 되었다. 일본문화를 고급문화로 인식하는 외국인은 흔히 만날 수 있었고, 한국에 대해서는 '북한, 서울' 정도의 파편적인 단어만 아는 경우가 빈번했다. 일본 공연에 대해서는 (관람하면서 이해를 못 하고 있는 와중에도) 뭔가 의식이 있고 스피리츄얼하며 고급스럽다는 평을 내리고 있었고, 한국의 공연은 '너희 나라도 공연을 만드냐?'라는 질문을 받아야 했다. 그들의 잘못이 아니다. 우리가 알리지 않은 우리의 문화에 대해 그들이 모른다고 비난할 순 없는 일이었다.

20대의 나는 일본이 자국 문화를 포장하는 스킬에 시기와 질투를 넘어 억울함을 토로하게 되었으며, 이미 훌륭한 우리의 문화가 포장(소개되는 방식)에도 신경을 써서 '고급문화'의 이미지를 다질 수 있길 바랐다.

나의 억울함이 한국의 문화예술을 세계 시장에 제대로 알리고 싶다는 욕심으로 바뀌었다는 설명과 함께 이야기는 14년의 세월을 빠르게 훑고 지나 2013년 윌리엄과의 식사 자리에서 시작된 코리안 시즌으로 이어졌다.

에든버러의 어셈블리 공연장은 진입 문턱이 높기로 유명하다. 매년 2천 개 이상의 공연이 어셈블리 공연장에서 공연하기를 희망하며 자료를 보낸다. 그중 단 2백 개의 공연만이 선정되어, 축제 기간 동안 어셈블리의 22개 공연장에서 상연된다. 에든버러 페스티벌 프린지에는 선정 과정 없이 대관료만 내면 공연할 수 있는 공연장도 많다. 무한경쟁의 축제 환경에서 최고의 공연장에서 공연한다는 건 출발선이 다르다는 것을 의미한다.

나는 세계 시장으로 나아가기 위해 힘겨운 도전을 하는 한국의 공연이 조금은 나은 환경에서 시작할 수 있기를 바라는 마음으로 윌리엄에게 우수 공연을 장르별로 공동 선정해 어셈블리 공연장에 올리는 '코리안 시즌'을 제안했다. 윌리엄은 고맙게도 그 자리에서 흔쾌히 제안을 받아들였다.

지나치게 개인적인 이유로 시작하여 지나치게 개인적인 우정과 신뢰로 이어가고 있는 코리안 시즌이 세계 시장에서 용감하고 무모한 도전을 하는 동료들에게 의지할 수 있는 플랫폼으로 성장하길 바라는 마음과, 해외 관객들에게 믿고 보는 한국 문화예술 브랜드로 자리 잡기를 희망한다는 의욕 가득한 대답을 끝으로 공개방송의 인터뷰를 마쳤다.

백스테이지에서 서로 수고했다는 인사와 간단한 후담을 나누는 동안 그란트는 방송 때 보다 강한 스코티쉬 악센트를 사용하며 한층 친근하게 이야기를 이어갔다.

'스코티쉬＝스코틀랜드 잉글리시'는 독특한 악센트Accent와 인토네이션Intonation으로 '알아듣기 어려운 영어'로 유명하다. 유튜브에 'Scottish accent'로 검색하면 재밌는 영상들이 가득할 정도다.

유튜브에서 여전히 인기 있는 BBC 뉴스 클립 중 하나는 2011년 아이폰의 런던 론칭 기사와 함께 나오는 동네 주민의 인터뷰 영상이다. 스코틀랜드 에버딘Aberdeen에서 진행한 시리Siri의 '음성인식Voice Recognition' 소프트웨어 테스트에서 시리는 랜덤으로 인터뷰한 주민들의 'Isn't it a nice day?', 'Where am I?' 같은 간단한 문장도 알아듣지 못한다.

또 다른 롱런 영상 중 하나는 '음성인식 엘리베이터Scottish Voice Recognition Elevator'에 탄 두 남자의 눈물겨운 도전기이다. 그들은 11층에 가고자 '일레븐Eleven'을 수십 번 외치지만 엘리베이터는 그들의 말을 알아듣지 못한다.

나의 첫 경험도 영상과 다르지 않았다. 1999년 8월 에든버러에서 내가 가장 많이 했던 말은 '파든pardon'이었을 것이다. 스코틀랜드 잉글리시는 나에게 제주도 방언과도 같았다. 당시 프로덕션 매니저로 함께 일하던 태생부터 뉴요커인 미국 친구도 'Sorry?'를 남발했고, 우리는 대화 중 자주 서로의 얼굴을 마주 보며 '너는 알아들었어?'라는 눈빛을 주고받았다.

'스코티쉬'라는 매력적인 언어가 처음 선명하게 기억된 건 1999년의 에든버러가 아닌 그보다 3년 이른 1996년이었다. 당시 화제작이었던 대니 보일 감독의 영화 '트레인스포팅Trainspotting'은 충격적인 영상과 함께 알아듣기 힘든 영어로 내 눈과 귀를 사로잡았다.

이기 팝Iggy Pop의 러스트 포 라이프Lust for Life의 신나는 비트와 함께 스코틀랜드 출신의 배우 이완 맥그리거Ewan McGregor의 독백이 흘러나왔다.

"Choose life, Choose a job, Choose a career, Choose a family…"

정확한 발음으로 짧고 강한 메시지를 전하는 나레이션이었다. 특이한 건, 'Job'을 '좝'으로, 'Family'를 '파밀리'로, 'Compact disc players'는 '콤팩트 디스크 플라이야스'로 발음한다는 점이었다. 영화 속 주인공에게 강한 흥미를 느꼈다.

그는 '스코티쉬(스코틀랜드 사람)'인 게 자랑스럽지 않아? Doesn't it make you proud to be Scottish?'라고 묻는 친구를 향해 소리를 지른다.

"스코티쉬인건 거지 같아! It's shit being Scottish!"

그는 자신들이 '문명이 낳은 가장 초라하고 비겁하고 한심한 쓰레기'라고 말하며, "사람들은 잉글랜드 사람을 싫어하지. 난 아니야. 그들은 그냥 재수 없는 놈들이지. 우리는 재수 없는 놈들의 식민지인 거고. Some people hate English. I don't. They're just Wankers… We are colonized by Wankers."라고 일갈한다.

감독의 의도인지 아닌지는 알 수 없으나, 영화의 배경이 되는 스코틀랜드의 수도 에든버러는 낙후된, 미래가 없는 도시로 그려진다. 이곳에서 주인공들은 마약에 취해 방탕한 생활을 즐기며 '선택하지 않는 것을 선택한다'라고 말한다. 후반부에 주인공이 새로운 삶을 살기로 결심하고 향하는 곳은 잉글랜드의 수도 런던으로 활기 넘치는 멋진 도시로 그려진다.

'영국'의 역사는 현재 진행형이다. 우리가 알고 있는 '영국'의 공식 명칭은 '그레이트 브리튼과 북아일랜드 연합 왕국United Kingdom of Great Britain and Northern Ireland'이다. 영국은 여러 개의 왕국이 합쳐진 형태였고, 브리튼Britain섬에는 3개의 왕국이 있었다. 잉글랜드England왕국은 섬의 중남부에, 스코틀랜드Scotland왕국은 섬의 북부에, 웨일즈Wales왕국은 섬의 남서부에 있었고, 여기에 북아일랜드를 포함하면 '본토' 개념인 영국 United Kingdom이 된다. 스포츠 경기에서 우리가 영국이라고 할 때는 Great Britain(GB)으로 쓰는 경우가 많고, 이 경우 잉글랜드, 스코틀랜드, 웨일즈만 포함된다.

　복잡한 역사만큼 길고 다양한 이름을 가진 영국에서 스코틀랜드 사람들은 쉼 없이 '독립 주권국'을 목표로 정치적 운동을 펼치고 있다. 2014년에 있었던 주민투표는 '스코틀랜드가 독립국이 되어야 하는가? Should Scotland be an independent country?'라는 질문의 찬반 투표였다. '스코틀랜드 독립 국민투표'의 결과는 찬성 44퍼센트, 반대 55퍼센트로 독립의 꿈이 무산됐었다.

　2016년 많은 사람을 멘붕에 빠뜨렸던 브렉시트(영국의 유럽연합 탈퇴)때에도 스코틀랜드는 EU 잔류를 택했다. 하지만 잉글랜드와 웨일스의 투표 결과 탈퇴가 우세하여 브렉시트가 결정되었고, 이로 인해 스코틀랜드 자치정부 수반은 재차 스코틀랜드 독립을 위한 국민투표를 하자고 요구하고 있다.

　나는 늘 약자에게 마음이 간다. 2009년 여대생이 대통령 부정선거에 대한 시위 중 사망한 테헤란에서, 2017년 축제가 한창인 바르셀로나 무대 옆 카탈루냐 독립 시위 현장에서, 2018년 현실의 정치적 외교적 종교적 이슈에 불이익을 겪고 있는 팔레스타인 축제의 자원봉사자들 옆에서 나는 억울함이 복받쳐 함께 눈물을 흘렸다.

나의 두 번째 고향인 스코틀랜드도 아픈 손가락이다. 나는 파운드를 바꿀 때마다 억울함이 목까지 차오른다. 잉글랜드 파운드는 브리튼 전역에서 사용할 수 있지만, 스코틀랜드 파운드는 잉글랜드에서 사용할 수 없다.

어느 여름, 에든버러에서 사용하던 화폐를 그대로 가지고 런던에 갔었다. 레스토랑에서 식사를 마치고, 웨이터가 가져온 영수증 위에 파운드를 올려놓았다.

"죄송하지만 스코틀랜드 파운드는 받지 않습니다. I'm sorry but we don't take Scottish pounds in London."

나는 그 충격적인 대답에 놀라움을 감출 수 없었다. 생활 속에 녹아있는 은근한 무시. 독립하면 외교적으로 어떤 위치가 되고, 경제적으로 어떤 영향이 있고 등 고려해야 할 수많은 이슈가 있겠지만, 스코틀랜드 사람들의 누적된 억울함과 애달픈 목소리에, 나에게 투표권만 있다면 당장이라도 '독립 찬성'에 한 표를 던질 것만 같다.

2020년 1월 31일 영국이 EU에서 탈퇴하자 스코틀랜드 자치정부 수반은 "브렉시트는 우리의 뜻이 아니다"라며 영국의 탈퇴에 대해 비판했고, 스코틀랜드 독립운동은 다시 거세지고 있다.

축제의
시작

축제는 사람으로 완성된다.

축제의 기획은

우리가 그려낸 시간과 공간이

사람으로 채워진 완성형의 모습을

상상하며 시작된다.

삶의 모든 순간에 내린 크고 작은 선택의 결과가 지금의 내 모습이다. 축제로 길게 이어진 결정적이지만 일상적이었던 그 순간의 선택은 파란 창에서부터 시작되었다. 1998년, 세기말로 향하던 길목의 유난히도 춥던 12월 어느 날, 분출할 곳을 찾지 못한 열정으로 상심하던 20대의 나는 천리안이었는지 하이텔이었는지 기억나지 않는, 글보다 여백이 많았던 공허하도록 파란 창을 들여다보고 있었다.

당시 인터넷에 올라오는 구인 포스팅은 손으로 꼽을 수 있을 만큼 미미했고, 공연예술 관련은 더더욱 찾아볼 수 없었다. 나는 그날 무슨 생각으로 그 창을 열어보았을까?

PMC. 의미를 알 수 없는 영문 이니셜의 회사명을 클릭해 보았다. 공연의 연출부를 구한다는 내용과 사무실 전화번호가 나와 있었다. 3~4줄 남짓 짧게 쓰인 구인 공고에 구체적인 내용은 없었다. 적혀 있는 유선 번호로 무심히 전화를 걸고 방문 시간을 정했다. 시간이 지나고 나서야 특별해진 그날의 감정이 구체적으로 기억나면 좋겠지만, 나라는 사람과 축제의 인연이 시작된 그 특별한 날도 당시에는 그저 별다르지 않은 일상을 보내는 하루었다. 하루에 수십 번 내리는 그 별다르지 않은 선택 중 하나로 나는 그날 컴퓨터를 켜고, 모뎀이 연결되는 시간을 기다렸으며, 의미를 알 수 없는 영문 이니셜을 클릭했고, 전화를 걸어 방문 약속을 잡았다.

PMC는 Performance, Music, Cinema의 앞 글자를 따서 지은 회사명이었다. 광화문 A 빌딩 3층의 작은 사무실 앞에서 회사명을 확인하고 노크하자 전날 통화한 담당 PD가 문을 열어주었다.

부모님께 감사할 일이고 개인적으로 축복이라 생각하는 어려 보이는 얼굴은 한국에서 일할 때는 도움이 되지 않았다. 20대에도 중학생으로 보이던 화장기 없는 얼굴과 작은 체구는 사람들에게 힘없는 어린 여자아이라는 인상을 주는 듯했다. '연출부 일이 힘들 텐데 괜찮겠느냐'는 담당 PD의 질문에 나는 그날부터 바로 일하겠다는 말로 대답을 대신했다.

지금과는 다르게 20여 년 전의 한국은 연출부와 무대감독, 프로덕션 매니저의 업무 구분이 명확하지 않았다. 타악감독, 음악감독, 무술감독, 안무, 브로드웨이 쇼닥터 등 연출부 이외의 창작진과 스케줄을 조율하며 전체 연습과 리허설을 진행하고, 공연을 상연하는 각 지역의 공연장과 기술 사항을 협의하고, 무대, 조명, 음향 스텝들과 공연을 진행했다. 당시의 우리는 직함에 얽매이지 않았으며, 공연이라는 공통된 목표를 위해 '눈에 보이는 일,

누군가 해야 하는 일'에 라벨 붙이지 않고 모두 묵묵히 해냈다.

해외 공연을 위한 업무 대부분은 연출부와 무대감독이 정리하고 소통해야 하는 일이었다. 공연을 올리기 위해서는 당연한 것으로 해외 공연장의 환경을 정확히 알아야 했다. 각 공연장의 규모에 맞게 무대, 조명, 음향 등의 장비를 협의하고 도면을 공유하며, 공연과 공연 전·후 필요한 인력에 대한 정리가 필요했다. 반입, 셋업, 리허설과 공연, 철수로 이어지는 타임테이블을 현지와 협의하여 결정해야 하며, 국제 운송과 현지에서 구해야 하는 소품·소모품 등의 안배까지 공연을 가장 잘 아는 사람이 판단하고 결정하고 정리해야 하는 일들이었다.

해외 진출을 처음 준비하는 한국 프로덕션은 영어가 가능한 연출부가 필요하리라고 생각하지 못했고, 나는 해외 진출을 준비 중인 한국 프로덕션에서 일하게 되리라고 상상도 하지 못했다. 예상치 못한 순간에 나의 언어 능력은 가장 필요한 곳에서 백퍼센트 활용되었다. 민간에서 제작한 넌버벌 퍼포먼스Non-verbal Performance(비언어극)로 해외 진출을 하겠다는 송승환 대표님의 용감한 도전으로 한국 공연 '난타'와 함께 나는 운명과도 같은 축제를 만났다.

1999년 8월, 런던의 무더운 여름을 추억하며 도착한 에든버러의 기온은 18도였다. 오후 5시, 비행기가 에든버러 상공을 날고 있던 순간에도, 공항에서 시내의 숙소로 이동하는 중에도 세차게 비가 내렸다. 민소매에 찢어진 청바지를 입고 있던 나는 양팔 가득 소름이 돋았다. 트렁크에 있는 옷을 떠올려 보았다. 하루 전, 나는 뉴욕의 뜨거운 햇살 아래 7월 한 달의 리허설을 마쳤다. 한국에서 짐을 쌀 때도 미국과 영국에서 보낼 7~8월 여행 가방에 따뜻한 겉옷은 고사하고 긴팔을 하나도 넣지 않았다.

뉴욕에서 함께 일하던 미국인 스텝은 작별 인사와 함께 에든버러에 대한 팁을 말했었다.

"날씨에 대비하는 게 좋을 거야. 하루에 사계절이 다 있거든. You'd better prepare for the weather. There are 4 seasons in One day."

당시엔 무슨 뜻인지 이해하지 못했지만, 다시 묻지 않았다.

공항에서 시내까지 들어가는 30분 남짓한 시간에, 나는 이미 도시와 사랑에 빠졌다. 에든버러 공항을 벗어나 하늘과 맞닿아 있는 무성한 초록을 지나, 고풍스러운 2~3층 높이의 벽돌 건물들을 지났다. 어느 방향으로 시선을 돌려도 시야를 가로막는 높은 건물은 없었다. 18세기, 아니 그 이전의 스코틀랜드로 시간여행을 온 것 같았다.

에든버러 동물원Edinburgh Zoo과 헤이마켓Haymarket을 지나, 도시의 메인 거리인 프린세스 스트리트Princes St.에 진입했다. 에든버러는 이 거리를 경계로 구도시old town와 신도시new town로 나뉜다.

거대한 바위산 위에 지어진 에든버러성Edinburgh Castle이 한눈에 들어왔다. 잉글랜드와 스코틀랜드의 격렬한 투쟁의 역사를 보여주는 에든버러성은 전략을 모르는 내가 봐도 함락시키기 어려운 최적의 요새 같았다.

한 달간 공연하게 될 어셈블리 룸스Assembly Rooms가 있는 조지 스트리트George St.를 지나, 차는 퀸 스트리트Queen St.에 멈춰 섰다. 우리가 머물게 될 곳은 호텔이 아니라 조지언 양식Georgian Architecture(18세기에서 19세기로 이어지는 조지 왕조기의 건축양식으로, 영국이 사회적으로 안정된 시기의 세련된 문화를 반영함)으로 지어진 건물이었다. 누군가 살고 있는 집을 8월 한 달간 빌려서 사용하는 방식으로, 에어비앤비의 개념이 없던 당시엔 한 달이지만 현지인처럼 살아볼 수 있다는 사실에 굉장히 흥분되었다.

집에는 없는 게 없었다. 조금 과장해서 말하면, 누군가 오늘 아침까지 밥을 먹고 대청소를 마친 후 잠시 자리를 비운 것 같았다. 개인의 소지품과 비어 있는 냉장고를 제외하면 말 그대로 모든 게 다 있었다. 방마다 침대, 옷장, 책상과 높고 낮은 스탠드가 있었고, 4~5인 가족이 생활하는 공간으로 보이는 넓은 거실에는 벽난로, 가죽 소파, 낮은 테이블, 따뜻한 색감의 풍경화가 걸려 있었다. 서재를 겸한 거실의 벽면 한쪽을 차지한 책장엔 소설, 사전, 요리 서적, 잡지 등 장르를 나누지 않은 다양한 책들이 쇼룸처럼 전시되어 있었다.

요리에 관심 없던 내가 유럽에서 주방용품을 사 나르기 시작한 게 이때부터인 것 같다. 처음 살아보는 영국의 가정집 주방에는 포트, 착즙기, 에그 홀더, 티팟, 다양한 종류의 파스타볼 등 한국에서는 관심이 없어 찾아보지 않았던 예쁜 주방용품이 가득했다.

저녁 8시가 넘은 시간인데도 밖은 대낮처럼 밝았고, 평일 저녁 시간임을 고려하더라도 거리엔 생각보다 사람이 많지 않았다. 그날은 알지 못했다. 축제의 시작과 함께 도시가 어떻게 달라지는지…

퀸 스트리트의 숙소에서 공연장이 있는 조지 스트리트까지는 느린 걸음으로 걸어도 10분이 걸리지 않았다. 지나치는 건물을 하나하나 구경하며 조금 가파른 언덕길을 걸어 올라갔다. 길을 건너려고 보니, 신호등이 없는 건널목Crosswalk에 노란불이 깜빡이는 검은 기둥이 서 있었다. 영국 사람들은 이 건널목을 '지브라 크로싱Zebra Crossing(얼룩말 횡단보도)'이라고 부르며, 이곳에서는 차량이 오는지 확인하지 않고 앞만 보고 건넌다. 이 횡단보도는 '무조건 보행자 우선'이며 '차량 우선 멈춤'을 지켜야 한다. 우리나라로 말하자면 어린이 보호구역의 건널목과 같다.

1787년에 완성된 조지언 양식의 어셈블리 룸스는 그리스 신전 같은 기둥 사이에 정문이 있었다. 넓은 홀을 가로질러 들어가면 양쪽으로 계단이 있고, 각각 반 층 정도 올라갔다가 다시 1층과 G층(우리의 1층이 영국의 0층, Ground floor이다)으로 갈 수 있도록 계단이 나뉘었다. 계단을 내려가면 양쪽 모두 로즈 스트리트Rose St.로 나가는 문이 나오고, 1층으로 올라가면 공연장이 나왔다.

거대한 샹들리에는 어셈블리 룸스의 상징과도 같았다. 350석 규모의 볼룸Ballroom과 650석 규모의 뮤직홀Music hall, 그리고 에든버러에서 가장 많은 시간을 보낸 레인바Lane bar에도 수백 개의 크리스털이 반짝이는 샹들리에가 있었다. 축제 기간 볼룸과 뮤직홀의 샹들리에는 객석 중앙에 위치해 하우스라이트로 사용되었다.

계단으로 올라가지 않고 정문에서 곧바로 직진하면 레인바가 나왔다. 낮고 푹신한 2~3인용 가죽 소파와 1인용 벨벳 소파, 낮고 넓은 테이블이 바를 제외한 3면에 있고, 그 사이사이로 디자인은 모두 다르지만 레인바의 클래식한 인테리어에 어울리는 나무 테이블과 의자들이 놓여 있었다. 푹신한 레드카펫과 검은 스타인웨이 피아노, 툭툭 내려놓은 듯한 높고 낮은 스탠드 조명과 거대한 샹들리에가 한낮에도 한밤중의 재즈바에 앉아 있는 듯한 나른하고 편안한 분위기를 연출했다.

레인바는 어셈블리에서 일하는 스텝들과 공연자들이 하루의 시작과 끝을 보내는 공간이었다. 나는 이곳에서 카푸치노로 하루를 시작하고, 일정을 정리하고, 사람들을 만나고, 공연이 끝나면 공연자들과 술잔을 기울였다. 친구들과 언제 어디서 만나자는 약속을 하지 않아도, 하루에 수차례 마주치는 이 공간에서 우리는 '잘 가 Good-bye'가 아닌 '이따 봐 Later'라는 인사를 건넸다. '좋은 아침 Good-morning'으로 시작되는 우리의 인사는 공연 전 건네는 '공연 잘해 Have a good show', 공연 후 건네는 '공연 어땠어? How was your show?'로 이어지며 축제의 모든 하루를 함께 했다.

에든버러에 오기 전, 한국과 뉴욕에서 이메일과 유선 통화로 공연 관련 협의를 나누던 마크Mark Burlace가 어셈블리 룸스 정문으로 나와 우리를 반갑게 맞이했다. 몇 개월간 얼굴을 모른 채 소통한 어셈블리 스텝들을 처음 대면하는 역사적인 순간이었다.

기술 감독인 마크는 뉴질랜드에서 왔다고 했다. 그는 잘 생겼다고 해야 할지 예쁘다고 해야 할지 고민이 되는 얼굴을 하고 있었다. 자연스러운 다갈색 곱슬머리와 긴 속눈썹을 가진 인형 같은 눈은 르네상스 시대의 명화에 자주 등장하는 아기천사 같았고, 잘생긴 코와 날렵한 턱선, 입꼬리가 살짝 올라간 도톰한 입술은 항상 천진난만한 미소를 머금고 있었다. 반나절만 지나도 수

북이 자라는 수염이 없었다면 미인이라고 말했을 것이다.

마크는 매사에 긍정적이었고, 어떤 문제가 발생하든 어떤 요청을 하든 'No'라는 말을 하지 않았다. '방법을 찾아 보자. Let's find a way to do it.'라고 말하는 그를 우리는 신뢰했고 존중했다.

에든버러 축제는 8월 한 달만 진행되기 때문에, 프로그래머와 행정을 담당하는 치프Chief를 제외한 마케팅, 기술, 공연장 운영 파트의 인력은 각각 필요한 시기에 투입되었다.

어셈블리의 예술 감독인 윌리엄은 런던의 리버사이드 스튜디오에서 업무를 보다가 축제 기간에만 에든버러로 올라왔고, 홍보마케팅은 에든버러나 글래스고 등지의 스코틀랜드 출신이 맡을 때가 많았다. 기술 파트는 윌리엄과 형제처럼 지내는 마크의 영향인지 뉴질랜드와 호주에서 온 친구들이 가장 많았고, 간혹 유럽의 축제를 돌며 스텝으로 일하는 독일, 오스트리아, 프랑스 친구들이 함께했다.

우리가 공연할 어셈블리 룸스의 볼룸(의회 회관 무도회장)은 고풍스러운 조지언 양식으로 지어져 빈틈없이 화려했다. 하지만 축제 기간 상연되는 공연을 위해 프로시니엄 극장으로 변신해야 했기에 아름다운 벽면과 천장의 데코는 (안타깝게도) 검은 천으로 꼼꼼히 가려졌다. 객석 등(하우스 라이트)으로 사용하는 눈부신 샹들리에만이 이 공간의 아이덴티티를 표현하고 있었다. 공연의 세트를 실은 운송회사의 컨테이너는 공연장과 협의한 반입 시간에 정확히 도착했고, 현지 스텝들의 도움으로 공연 준비는 순조로웠다.

모든 공연장의 환경은 다르다. 그중에서도 프린지의 공연 환경은 직접 경험해 보기 전까지 쉽게 이해가 가지 않는다. 축제 기간, 에든버러의 공연장은 매일 7개~10개의 공연을 올린다.

예를 들면 이런 식이다. 아침 10시에 시작된 어린이 공연이 11시에 끝나면 30분간의 턴어라운드(끝난 공연의 세트와 소품을 스토리지로 옮기고, 다음 공연의 셋업이 진행된다)를 진행하고, 11시 30분에 무용 공연이 시작된다. 12시 30분에 공연이 끝나면 다시 30분간의 턴어라운드가 진행되고, 1시에 연극 공연이 올라간다. 이렇게 자정까지 혹은 새벽까지 공연이 이어지기도 한다.

한번 세팅을 해 놓으면 같은 패턴으로 한 달을 공연하는 것이기에, 공연팀들은 상호 협력하여 시간을 단축하는 방법을 찾아내고, 혼돈의 첫 주가 지나면 이내 평화가 찾아온다.

1999년 8월 6일 오전 11시 55분, 볼룸에 첫 공연이 올라갔다. 스코틀랜드의 최대 일간지 스콧츠맨The Scotsman으로부터 최고 평점을 받은 작품으로 '베니스의 상인The Merchant of Venice'에 나오는 샤일록에 관한 연극이었다. 1998년 전석 매진을 기록하고 앙코르 공연으로 돌아온 연극 '샤일록Shylock'은 언론으로부터 '탁월하다. 모두가 봐야 할 공연! An exceptional piece of theatre. Everyone should see it!"이라는 극찬을 받으며 99년에도 매진 행렬을 이어갔다.

2시 40분에 올라간 두 번째 공연은 파리의 시르크 디베르 Cirque d'Hiver에서 동메달을 받은 키르기스스탄Kyrgyzstan의 크라운 서커스 공연이었고, 4시 반에는 영국 라이브 시어터 컴퍼니의 '엘비스와 함께 요리하기Cooking with Elvis', 6시 50분에는 3년째 런던에서 매진을 기록하며 흥행을 이어가던 영국의 코미디 트리오 '더 누알라스The Nualas'의 공연, 8시 반에는 호주에서 온 원주민 Aboriginal 출신의 배우이자 가수 레아 푸어셀Leah Purcell의 공연이 올라갔다.

레아의 공연이 진행되는 동안, 우리 배우들은 분장을 하고 의상을 갈아입고 태어나서 처음 경험하는 '턴어라운드'를 위해 만반의 준비를 하고 있었다. 9시 반 레아의 공연이 끝나자, 어셈블리 공연장의 조명, 음향, 무대 스태프들과 호주 공연의 배우와 스태프들, 한국 공연의 배우와 스태프들이 한데 얽혀 30분간의 웃지 못할 쇼가 펼쳐졌다.

모두가 처음 경험하는 턴어라운드와 첫 공연을 문제없이 진행하기 위하여, 나는 모두의 역할을 분 단위로 나누어 놓았고 수차례 시뮬레이션을 돌려보았었다. 첫 실전에서 우리 팀은 긴장한 상태에서도 안정적으로 턴어라운드를 마쳤고, 공연은 관객과 약속한 시작 시간인 10시에 정확히 올라갔다.

배우들은 혼돈 자체인 턴어라운드를 함께하고 숨 고를 틈도 없이 무대에 서야 했다. 하루도 쉬지 않고 25회 공연의 '셋업 – 공연 – 철수' 루틴을 함께한 배우들은 감사하게도 축제의 마지막까지 넘치는 에너지로 멋진 공연을 선보였다.

삼시세끼에 출연하는 유해진 배우가 무엇이든 뚝딱뚝딱 만들어 내며 '예전에 극단의 막내로 있을 때 무대를 만들어서 목공도 잘하고 막일도 많이 했었다'라는 얘기를 한 적이 있다.

당시에는 극단의 배우들이 무대, 대도구, 소도구, 의상까지도 직접 만들어서 사용하는 경우가 빈번했고 셋업과 철수도 함께 했다. 대학로에서 활동하던 우리 배우들도 모든 일에 적극적이었다. 사실 우리 배우들이 외국의 스텝들보다 순발력이 좋아 무슨 일이든 '훨씬 빨리' 해냈다.

해드 셰프Head chef 김원해, 피메일 셰프Female chef 서추자, 섹시 셰프Sexy chef 류승룡, 네퓨Nephew역에 장석현(장혁진), 매니저Manager역에 이창직, 5명의 매력 넘치는 한국 배우들의 에너지로 만들어진 공연 '난타(영문타이틀 Cookin')'는 1999년 프린지에서 상연된 1,200개 공연 중 유일한 한국 공연이었다.

'해외에 나가면 모두 애국자가 된다'라는 말이 있듯이, 우리는 '한국 공연팀은 프로페셔널하다. 한국 사람들은 친절하다. 뭐든

잘한다.'라는 인상을 남기고 싶었는지 사전 준비를 철저히 했고, 모든 면에서 완벽히 하려고 노력했다. 공연이 입소문을 타고 관객들에게 가장 사랑받는 공연이 되기 이전에 우리는 스텝들이 '가장 사랑하는 공연팀'이 되었다.

1999년 당시, 이미 20년째 운영되고 있던 어셈블리 공연장에서도 처음 선보였던 이 한국 공연은 당시 50년 역사의 축제에서도 기록에 남을 만한 성공을 거두었고, 이듬해 앵콜 공연에서도 전석 매진을 기록했다.

난타의 행보에는 '처음'이라는 수식어가 많이 붙는다. 한국에서 처음 제작된 넌버벌 퍼포먼스, 한국 공연 최초 에든버러 페스티벌 참가, 한국 공연 최초 어셈블리 공연장 공연, 공정한 공연 개런티를 받고 초청으로 진행된 최초의 영국 원나잇 투어, 네덜란드 원나잇 투어, 독일 원나잇 투어, 한국 공연 최초 브로드웨이 공연, 국내 최초의 전용관 등. 25년이 지난 지금까지도 난타가 개척하고 있는 공연예술관광 시장의 행보는 현재진행형이다.

올드타운의 홀리루드궁Palace of Holyroodhouse에서 에든버러성 Edinburgh Castle까지 이어지는 로열 마일Royal Mile에는 중세 시대 분위기의 펍들이 즐비하다. 수백 년의 긴 세월이 만들어 낸 초콜릿처럼 부드러운 돌바닥은 가로등 불빛을 반사하며 옐로 사파이

어처럼 빛나고, 귀에 익은 팝송부터 울림이 깊은 샹송, 그리움인지 슬픔인지 외로움인지 모를 오묘한 감정을 불러일으키는 아이리시 음악과 이국적인 비트의 퍼커션, 그리고 스코틀랜드 백파이프 연주가 걸음을 옮길 때마다 오버랩 되어 알 수 없는 심장박동을 만들어 낸다. 이러한 예측할 수 없는 감정의 롤러코스터는 에든버러를 '사랑에 빠질 수밖에 없는 도시'로 만든다.

1999년, 나의 첫 축제는 최단기간 동안 '처음'이라는 단어를 가장 많이 사용하게 만드는 기록을 남겼다. 축제는 기존 공연장을 포함해 어셈블리 룸즈, 발모럴 호텔, BBC 스튜디오, 카페, 펍 등 120여 개의 공간이 한 달간 공연장으로 변신하는 마법을 선보였다. 각각의 공연장에는 씨어터, 피지컬 씨어터, 아트서커스, 월드뮤직, 스탠드업 코미디, 각종 마술과 가족극까지 다양한 장르의 공연이 7~10 작품씩 포진되어 한 달간 1,200여 개의 작품이 상연되었다.

일상의 공간을 채우는 이국적인 공연의 홍수에 나는 할 말을 잃었다. 런던의 웨스트엔드와 뉴욕의 브로드웨이에서 유명하다는 뮤지컬을 관람했을 때 받았던 벅찬 감동보다 족히 수십 배는 강한 기쁨과 놀라움과 행복과 경이로움이 파도처럼 밀려왔다.

매일 저녁 7시와 9시 반, 밀리터리 타투Millitary Tatoo의 피날레에 쏘아 올리는 불꽃이 에든버러성과 어우러져 마치 동화 속에 들어와 있는 기분을 느끼게 할 때쯤, 그날의 공연을 마친 아티스트들이 하나둘씩 레인바Lain Bar로 모여들었다.

레인바에서, 아니 축제에서 대화의 시작은 단연코 모두의 공통 주제인 공연이다. '무슨 공연을 하는지', '무슨 공연을 봤는지', '지금까지 어떤 공연이 제일 좋았는지', '추천할 공연이 있는지'로 시작되는 대화는 공연에 대한 세세한 설명과 함께 몇 잔의 칵테일을 쉽게 비워낸다.

적당히 오른 술기운과 함께 이야기의 방향은 의식의 흐름대로 흘러가고, 그렇게 의도하지 않은 대화들은 첫인상의 선입견과 편견을 걷어내며 예측하지 못한 관계를 만들어 간다. 누군가와는 그렇게 하룻밤 즐거운 대화상대로 머무를 수도 있고, 누군가와는 내일의 만남을 약속하는 인연으로 발전하며, 누군가와는 일을 함께하는 사이로, 또 누군가와는 수십 년 일 없이도 만나는 가족 같은 사이로 발전한다. 20년의 세월이 지나 언제 어디서 어떻게 만났는지 정확한 기억이 없는 사이라도 우리는 부러 기억을 찾아 헤매지 않는다. 어느 날 공연을 마치고 일상처럼 찾은 아티스트 클럽에서 우리는 우연히 마주쳤을 테고, 또 다른 우연 혹은 운명이 두 번, 세 번의 만남을 이어가게 했을 테니… 그렇게 오늘의 우리가 되었을 것이다.

문화와 사람이 섞이고 서로의 이야기에 귀 기울이며 우리는 마법 같은 축제의 시간 안에서 서로의 세계를 넓혀갔다. 따뜻한 앰버빛으로 빛나는 중세도시에서 느끼는 신선한 자극과 감성적인 풍요에 벅차하며 축제의 하루하루가 저물어 갔다.

에든버러에서 사랑은 사람에게 국한되지 않는다. 1999년 나의 첫사랑은 '어나니머스 소사이어티Anonymous Society'였다.

'익명의 사회'라는 제목의 이 공연은 어쩌면 아날로그 감성이 가득했던 세기말보다 지금 우리 사회에 더 잘 어울릴지도 모르겠다. 하지만, 80년대와 90년대를 지나 밀레니엄을 앞두고 있던 당시에도 우리는 하나같이 입을 모아 '예전보다 개인주의가 더 팽배해진 것 같다', '인간관계가 삭막하다'라는 걱정을 늘어놓았다.

당시의 나는 '샹송' 하면 엄마가 가끔 흥얼거리던 '에디뜨 삐야쁘Edith Piaf'의 '사랑의 찬가' 정도만 알고 있었다. 그런 내게 이 공연은 벨기에 출신의 국민가수 쟈크 브렐Jacques Brel과 그의 음악을 소개해 주었다. 축제에 대한 켜켜이 쌓인 기억 중에서도 가히 Top 5 안에 등극할 만한 이 선물 같은 공연은 영국의 유력일간지 더 가디언The Guardian의 리뷰처럼 "총알처럼 가슴에 와서 박히는 한 곡 한 곡의 노래들⋯ delivers each song like a gunshot to the heart"

로 사진을 찍어 놓은 듯 선명하게 각인되어 있다.

매일 밤, 나는 레인바에서 친구들과 그날의 밀린 이야기를 나누다가도 11시 45분이 되면 어김없이 일어나 공연을 보기 위해 볼룸으로 발길을 옮겼다. 공연장 맨 뒷좌석에 몸을 깊숙이 기대고 앉은 채로 아무에게도 방해받지 않고 온전히 공연에, 음악에 몰두했다.

태어나 처음 본 벨기에 공연에서 귀에 익은 멜로디가 흘러나왔다. 'Ne Me Quitte Pas'. 부드러우면서도 묵직한 음색으로 시적인 가사를 덤덤하게 노래하던 프랭크 시나트라의 'If you go away'가 오버랩 되어 들렸다. 공연에서는 'If you go away(당신이 떠난다면)'가 아닌 'You can't leave me now(당신은 이제 날 떠날 수 없어요)'로 개사되어 불리었고, 가사의 영향인지 배우들의 표정과 움직임은 더욱 애절하게 느껴졌다.

브렐의 넘버 중 공연에 사용된 19곡은 작품에 따른 새로운 해석으로 6명의 싱어이자 배우, 1명의 무용수, 2명의 뮤지션에 의해 시적인 언어로 재탄생되었다. 배우들은 상실과 죽음에 대해, 마치 얼음장 같은 손으로 심장을 움켜쥐듯 강렬하게, 때로는 슬픔의 깊이를 감히 헤아릴 수조차 없을 만큼 모든 것을 초월한 표정으로 담담하게 노래했다. 그리하여 슬픔은 배가 되어 관객의 심장을 파고들었다. '마조히즘적인 즐거움을 안겨준다'라는 리뷰에 묵묵히 수긍하며, 슬프도록 완벽한 공연에 압도당했다.

축제 2주 차를 지나며 공연은 입소문을 타고 빠르게 객석을 채워갔다. 공연장 스텝들의 배려로 나는 축제 기간 내내 보고 또 봐도 또 보고 싶은 공연을 나의 지정석(?)에서 매일 볼 수 있었다. 그렇게 하루하루가 아까운 축제의 시간이 흘러갔다.

어나니머스 소사이어티는 그 해 축제의 어워즈 중에서도 가장 명망 있는 '프린지 퍼스트Fringe First'와 '토탈 씨어터 어워즈 Total Theatre Award'의 베스트 공연으로 선정되었다. 이듬해인 2000년에는 런던에서 베스트 뮤지컬상을 수상하였다.

시나트라가 불러 더 유명해진 'If you go away'의 원곡이 브렐의 'Ne Me Quitte Pas'라는 사실과 이 공연이 로렌스 올리비에 어워즈를 2번이나 수상한 벨기에-모로코 댄서이자 안무가인 시디 라비 체카오우이Sidi Larbi Cherkaoui의 20대 초반 작품이었다는 사실은 수년이 지난 후에 알게 되었다.

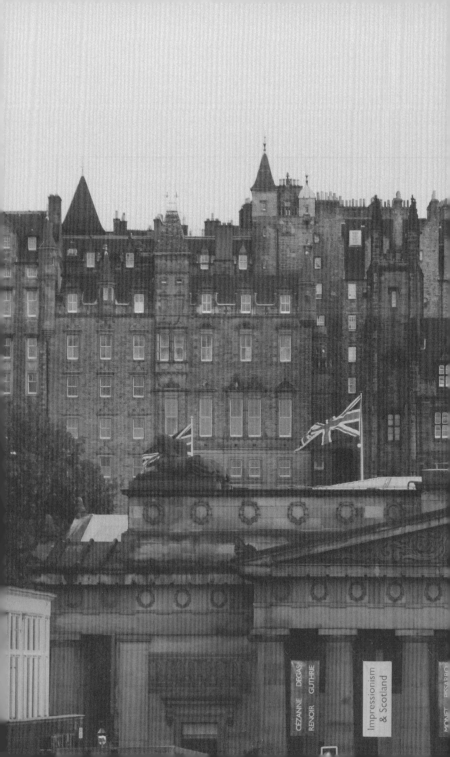

내 인생의 선물,
페스티벌

윌리엄 버뎃-쿠츠
William Burdett-Coutts

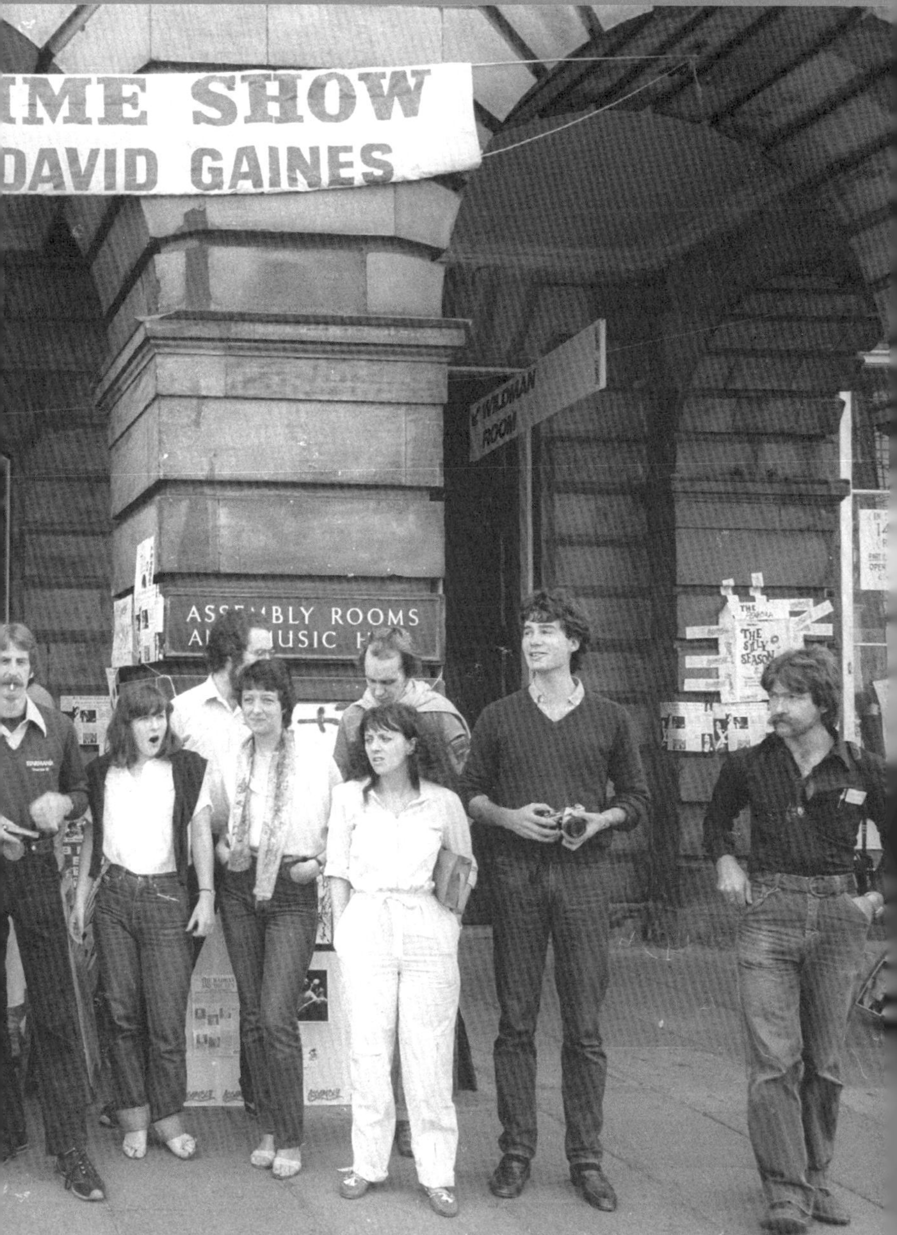
IME SHOW
DAVID GAINES
WILDMAN ROOM
THE SILLY SEASON

사람들이 들어와야만

비로소 완성되는 축제의 장면(Scene)은

기획하는 사람의 상상에

축제를 향유하는 사람들의 생생한 활용이 더해져

한 번의 예외 없이

상상 이상의 재미를 맛보게 한다.

시간과 공간을 채우는 사람들로

완성되어 가는 축제는 온기로 가득하다.

2018년 8월 어셈블리의 갈라 공연은 만석이었다. 축제의 공식 일정은 8월 첫째 주 금요일부터 마지막 주 월요일까지지만, 어셈블리는 축제 시작 이틀 전부터 프리뷰 공연을 진행한다. 매년 가장 기다려지는 이벤트인 어셈블리 갈라 라운치Assembly Gala Launch는 8월 첫째 주 수요일 저녁 8시에 정확히 올라간다. 어셈블리가 선정한 220개 공연 중 12개 공연의 하이라이트를 선보이는 이 무대는 축제의 시작을 알리는 공식적인 오프닝 파티와도 같아서 티켓 오픈하기가 무섭게 매진되는 인기 공연이기도 하다. 아일랜드의 유명 코미디언 제이슨 번Jason Byrne이 2년 연속 진행을 맡았다. 대본 없이 현장의 상황에 맞게 관객을 이끌며 웃음을 만들어 내는 특유의 익살은 한 공연의 하이라이트 무대가 끝나고 다음 공연을 준비하는 시간 동안 관객의 마음을 완전히 열어놓았다.

제이슨의 악의 없는 유치한 말장난은 늘 나를 무장해제 시켰고, 다음 해 사회자가 바뀌었을 때 나의 서운함은 옹졸하고 지극히 주관적인 비판으로 바뀌었다.

'제이슨이었으면 이렇게 안 했을 텐데… 뭔가 매끄럽지 않

아…'

화려한 오프닝 음악공연과 좌중을 압도하는 아름다운 아트서 커스 공연이 끝나자, 제이슨은 장난기 가득한 멘트로 '마치 대관식에서 왕을 소개하듯' 한껏 과장되게 윌리엄William Burdett-Coutts 을 무대로 불러냈다. 40년 가까운 세월을 프린지와 함께 한 산증인이자 어셈블리의 극장장인 윌리엄은 올해도 6~7장의 A4용지를 팔랑이며 무대 중앙으로 걸어왔다.

매년 똑같은 패턴이다. 윌리엄은 예쁘게 정리한 큐카드를 들고 오는 법이 없다. 저녁 내내 들고 있었던 듯 구김이 있는 A4용지 여러 장을 펼쳐진 상태 그대로 들고나와 특유의 빠른 말투로 읽어 나갔다.

"나는 이 축제가 세상에서 가장 특별한 이벤트라 생각한다. 이도시는 영감 그 자체다. I think this is the most extraordinary event in the world. City itself is nothing but inspiring…"

언제나 자연스럽게 본론으로 들어가는 윌리엄의 문체는 친한 친구의 이야기처럼 편안하게 들려온다. 축제 도시에 보내는 찬사와 감사에 이어, 그는 어셈블리 공연장의 프로그램을 소개하고, 장르별 주목해야 할 공연과 몇 년 만에 돌아온 반가운 프로덕션의 신작도 언급한다. 어셈블리에서 배포한 보도자료에 이미 첨부되어 있을 법한 프로그램 라인업 내용이지만, 공연장 통로를 가득 메운 언론사의 촬영팀과 카메라 감독을 비롯해 객석에 앉아 있는 기자들은 윌리엄의 설명을 놓치지 않으려 집중하고 중간중간 내용을 받아 적는다.

윌리엄은 가끔 사회적 이슈에 대해서도 언급한다.

"좀 전에 누군가 브렉시트에 대해 물어왔다… 우리는 이 나라에 전 세계 사람들이 오기를 독려하며, 이 문화로 가득한 세계에서 서로의 관심을 나눈다. 우리는 명확히 당신이 이 축제에 오기를 원한다. Somebody asked about the Brexit earlier... we encourage and bring international people to come into this country and share our interests in this cultural world. We certainly Do want you at this festival."

객석에 있는 모두는 큰 박수와 응원의 목소리로 동의와 지지의 뜻을 밝혔다.

오프닝 갈라는 다른 공연에 비해 이동이 매우 자유롭다. 천여 명의 관객들은 하이라이트 공연의 중간중간 들락날락하지만, 윌리엄이 연설하는 10여 분 동안은 모두 자리를 지킨다. 그의 말 한마디 한마디에 때론 공감하고 때론 감사의 뜻을 표하며 끈끈한 쌍방향 대화 같은 인사말이 이어진다.

"정말 너무 많은 공연이 있지만… 나는 우리의 제4회 코리안 시즌을 환영한다는 말을 반드시 해야 한다. 이를 위한 엔젤라 권의 노고에 감사한다. There are far too many shows... However, I have to welcome back our 4th Korean Season, Thanks to Angella Kwon for all her hard work on this."

윌리엄은 잊지 않고 올해도 '코리안 시즌'에 대해 언급했다. 내 이름이 불리자, 객석에 있던 친구들이 박수를 치며 호응했고, 나는 의자 깊숙이 몸을 숨겼다. 그의 공식 인사는 어셈블리에서 일하는 스텝들에 대한 감사로 마무리되었다.

1999년 8월 첫째 주 일요일, 마크와 나는 그날의 공연을 마치고 어셈블리 룸즈의 레인바에서 기네스Guinness를 마시고 있었다. 에든버러에 와서 처음 경험한 흑맥주는 한약처럼 쓰게만 느껴지던 초급단계를 지나자, 부드러운 크림 거품과 씁쓸한 맛으로 나를 길들였다. 정신없이 지나간 축제의 첫 주말을 보내고 마시는 기네스는 달콤했다.

두 잔의 기네스를 비워갈 때쯤, 위스키 잔을 든 윌리엄이 우리에게 다가왔다. 마크는 '서로 알지?'라는 눈빛을 보내면서도 짧게 소개를 이어갔다.

"엔지, 여기는 윌리엄이야. 윌리엄, 이쪽은 쿠킨(난타) 공연의 엔젤라야. Angie, This is William. William, This is Angella from Cookin."

신뢰 가는 진중한 얼굴에 딱 '영국 신사'의 이미지를 지닌 윌리엄과는 이미 공연장에서 두세 차례 마주쳤지만, 술잔을 기울

이며 대화를 이어가는 건 이번이 처음이었다. 그는 오랜 친구처럼 다가와 반갑게 비쥬했고, 우리는 자연스럽게 공연 이야기로 대화를 이어갔다.

"엔젤라, 너희 공연은 엄청난 성공을 거둘 거야. 정말 좋았어! Angella, your show is going to be huge. I loved it!"

1999년 당시에 이미 20여 년의 시간을 프린지에서 보낸 윌리엄이지만, 난타는 그가 처음 본 한국 공연이었다. 그는 작품에 대한 기대와 흥분을 감추지 않았고, 올해 가장 이슈가 될 공연이며 자신이 아는 언론과 친구들에게 '꼭 봐야 할 공연Must-See'으로 추천하고 있다며 찬사를 아끼지 않았다. 이어, 나에게 첫 프린지의 감회가 어떤지, 에든버러에서 생활하는 데에 불편한 건 없는지 등의 질문이 이어졌다.

"문제가 있으면 마크에게 얘기해, 그가 다 해결해 줄 거야. If you have any problem, talk to Mark. He will fix it."

윌리엄은 자신이 한 말이 만족스러운 듯 마크를 보며 웃었다. 난타는 그가 본 첫 한국 공연이었고, 나는 그의 첫 한국 친구가 되었다.

2013년 8월, 나는 윌리엄과 프레데릭 스트리트Frederick St.에 있는 프랑스 레스토랑 카페 루즈The Café Rouge에서 브런치를 먹

고 있었다. 우리의 대화는 매년 같은 패턴으로 이어진다. 전년도 축제가 끝난 9월부터 다음 해 7월까지 각자 뭘 했는지 대략적인 근황을 묻고 답한다. 이어서, 그 해 선정된 공연에 대한 의견과 '꼭 봐야 할 공연 Must-See' 리스트를 공유하고, '올해는 누가 언제 온다고 했고, 누구는 안타깝게도 못 올 것 같다'라는 친구들의 에 든버러 방문 일정에 대한 정보를 나눈다.

하지만 이날은 평소와 다른 대화가 이어졌다. '거 봐, 내가 뭐 랬어… See, I told you…'로 시작하는 훈계와 힘들었을 친구를 달래 는 위로의 말이 이어졌다. 윌리엄은 런던의 리버사이드 스튜디 오Riverside Studios 공연장을 1993년부터 운영해 온 극장장 선배(?) 였다. 서울에 전용관을 오픈하기 전, 나는 인생 선배이자 극장장 선배인 그에게 공연장 운영 관련 고민되는 부분을 상의했었다. 우리말로 '도시락 싸 들고 다니면서 말릴' 기세로 윌리엄은 나에 게 다시 생각해 보라고 말했었다.

"공연장이라는 게 수익을 낼 수 있는 구조가 나오기 힘들어. '어떤 공연장이다'하는 명성을 쌓는 데에도 시간이 오래 걸리 고… 그리고 신경 쓸 게 한둘이 아니야. 어떤 날은 예상치도 않은 화장실 관련 컴플레인까지 듣게 된다구. 매입 매출을 맞추고 비 즈니스를 운영하는 것도 머리가 아픈데, 수많은 사람을 상대하 는 공연장의 특성상 민원 거리가 되지 않는 곳에서도 민원이 발생하기 일쑤고, 해결해야 하는 일은 매일 산재해 있어."

그는 이외에도 수없이 많은 부정적인 예를 들었었다. 당시 나는 '윌리엄이 나를 참 많이도 걱정해 주는구나…'라고 고맙게 생각하며 기분 좋게 얘기를 듣고 있었을 뿐, 결정을 번복할 생각이 없었다. 나는 스스로 결정한 일에 대해 남들의 의견에 휘둘리지 않으며, 고집도 조금 있는 편이다. 그렇기에 나는 계획한 바를 먼저 실행하고 그 결과를 직접 경험한 이후에 친구들에게 묻는다.

"왜 말리지 않았어?"

그러면 친구들은 진심으로 어이없어한다. 다들 자신들이 얼마나 말렸었는지 답답한 듯 얘기하지만, 나의 기억과 다르다. 아마도 친구들은 자신이 반대하는 이유를 침착하게 조곤조곤 설명했을 것이다. 그건 나에게 '하나의 의견'으로 기억될 뿐, 나는 왜 나에게 '하지 마!'라고 확실하게 얘기하지 않았는지 묻곤 한다. 서로 하는 얘기는 매번 같아서 결국 끝나지 않는 돌림노래가 된다.

나와 윌리엄도 돌림노래를 하고 있었다. '그러니까 하지 말랬잖아…'로 시작하는 윌리엄과 '그냥 이런저런 일이 있을 수 있다는 의견을 말한 거잖아'라고 말하는 나의 돌고 돌아도 답 없는 대화.

나는 공연장을 운영하는 동안 수십 번 윌리엄의 말을 곱씹었다. 공연장을 시작할 때 나를 말린 건 윌리엄만은 아니었다. '말릴 때 하지 말 걸…'하는 후회도 수백 번 들었다. 쓸데없는 얘기지만 당시에는 별의별 생각을 다 했었다.

'간절히 바라면 이루어진다'라는 문장에 기대어 '전용관을 갖게 해 주세요'라고 빌었던 나의 간절한 기도는 우주의 기운이 모여 들어준 것 같은데, '망하지 않게 해 주세요'라거나 '수익을 내며 안정적으로 오래 운영할 수 있게 해 주세요'라는 구체적인 내용으로 기도하지 않았다는 사실을 깨달은 순간의 뒤늦은 후회 같은…

공연장 운영이 쉽지 않다는 건 누구보다 잘 알고 있었다. '전용관이니 우리 공연만 잘하면 된다'라는 생각 따위 하지도 않았다. 월 임대료만 5천만 원이었다. 공과금을 합치면 6천. 배우, 스태프, 직원 50여 명의 월급날은 매달 빠르게 돌아왔다. 공간을 쉼 없이 활용하여 매출을 발생시키기 위해 많은 프로그램을 기획했다. 공연예술을 가미한 리더십 프로그램을 운영했고, 일반인을 위한 백스테이지 투어와 청소년을 위한 전문가들의 강연, 공간의 활용도를 높이기 위해 공연이 없는 시간에는 창간식, 기자간담회, 리셉션 등 대관을 진행했다. KBS 한류 매거진 창간식, 부천 판타스틱 영화제 오프닝, 안철수 대선 출마 선언, '개그콘서트' 서수민 PD와 '남극의 눈물' 김진만 PD의 강연 등.

그러나 주변 환경은 시간이 갈수록 더없이 열악해졌다. 2000년 전용관을 오픈한 난타의 관객은 해가 갈수록 외국인 비중이 높아져 갔다. 여행사와 협약을 맺고 관광상품 안에 포함된 전용관 공연은 공연시장이 아닌 관광시장에 속해 있었다. 난타의 뒤를 이은 전용관 공연들은 17개로 늘어났고, 어느 순간부터 출혈경쟁이 시작되었다. 전용관은 300석 이하의 공연장에 4~5명의 배우가 출연하는 공연이 많았고, 하루에 많게는 3~4회까지 공연을 진행하고 있었다. 중국과 동남아의 단체관광객을 대상으로 하는 이 공연들은 서로의 살을 깎고 깎아 어느새 관객당 3천 원, 4천 원을 받으며 여행사에 공연을 팔았다. 출연료도 감당이 안 될 공연비였다. 공연장 임대료에, 기술 장비 비용에, 배우들 출연료에, 홍보마케팅 비용에, 기술 스태프, 티켓마스터, 하우스 스태프 인건비와 운영비에, 직원들 급여에, 공과금까지… 당시 그들은 누구를 위한 출혈경쟁을 하고 있었을까?

한국의 고급문화를 알리고 싶다는 목표로 제작한 나의 명품 퍼포먼스를 나는 출혈경쟁 시장에 내놓지 않기로 결심했다. 하지만 고급화 전략으로 밀어붙여 보자는 치기 어린 노력은 얼마 가지 않아 보기 좋게 실패했다.

여행사 입장에서 보면 관광상품의 단가를 낮추려는 노력이 너무도 당연했다. 길어야 1시간~1시간 반을 차지하는 문화상품을 일부러 더 비싼 공연으로 채울 이유가 이들에겐 없었다. 이 당연한 사업적 판단이 나에겐 작품의 규모와 퀄리티는 중요하지 않다는 듯 느껴졌다. 이에 더해, 이웃 나라들과 우리나라의 외교관계는 악화되어 갔다. 고급화 전략으로 개별 관광객FIT/Foreign Independent Tour 유치에 집중하던 시기에 일본의 혐한 감정은 팽배해졌고, 사드 배치로 중국 관광객도 급감하기 시작했다.

나는 시작부터 잘못됐다는 생각을 한다. 전용관 사업을 결심한 이유가 '함께 하는 배우들이 나이가 들어가고, 하나둘 결혼을 하고, 아이가 생기고, 안정적인 일이 필요하기 때문'이었다니… 해외 공연은 겉보기에 좋을 뿐 한 가정의 가장이 생계를 책임질 만큼의 안정된 수입을 보장해 주지 못했다. 의도가 나쁘진 않았지만, 결과적으로 나쁜 결정이었다. 회사는 폐업의 절차를 밟았고 나는 수십 명의 배우, 스텝, 직원들에게 소중한 무언가를 잃는 아픔을 경험하게 한 사람이 되었다. 공연장은 나에게 판단과 결정에 대한 후회와 개인이 감당하기 힘든 채무를 남겼다.

10년이 지난 지금도 아니, 삶을 마감하는 순간까지 공연장은 나에게 생을 통틀어 가장 후회할 결정을 내리게 한 장소로 기억될 것이다. 전용관 오픈을 준비하던 시점에 사랑하는 엄마는 대장암 판정을 받았다. 병원을 싫어하는 엄마는 항암치료 대신 공기 좋은 자연으로 들어가 생활하면 좋겠다고 말씀하셨지만, 우리가족은 의사의 결정을 따랐다. 매일 엄마를 보러 병원을 '방문'했지만 얼굴만 보고 일어나는 패턴이 반복되었다. '방문'이라는 표현이 정확히 맞았다. 딸이 대단한 일을 한다는 듯 엄마는 항상 '바쁠 테니 그만 가 봐'라는 말만 하셨다. 그렇게 힘겨운 일 년여의 시간을 보내고 그녀는 하늘나라로 갔다. 나는 그녀의 베스트 프렌드이(였)고, 그녀에게 가장 편한 막내딸이었으니, 힘든 항암치료 대신 아름답고 공기 좋은 자연에서 함께 생활했다면 기간은 알 수 없으나 우리의 마지막 기억이 힘들지만은 않았을 것 같다는, 가지 않은 길에 대한 후회만이 가슴 아리게 남아있다. 일을 포기하고 엄마와 시간을 보냈어야 했다는, 돌이킬 수 없는 시간의 번복할 수 없는 선택에 대한 후회는 내 심장에 커다란 구멍을 만들었다. 폐업 후 오랫동안 나는 공연장 주변으로 다니지 않았다.

윌리엄과의 공연장 이야기는 지극히 객관적인 한국의 외교 상황과 산업적 구조에 관한 이야기로 마무리 지었다. 얘기(변명)가 길어져 평소 같았으면 쉽게 끝을 보았을 사워도우 토스트Sourdough Toast가 반쯤 남아 있었다. 나는 빵 위에 있는 아보카도와 연어를 빠르게 골라 먹고 플레이트를 옆으로 밀어 놓았다. 카푸치노 잔을 앞으로 당겨오며 그해 부쩍 눈에 띄던 어셈블리의 '시즌' 공연에 관해 물어보았다.

"해당 국가의 공연을 장르별로 선별해서 다채로운 문화를 선보이는 목적으로 시즌을 진행하지. 어느 프로덕션에 집중된 하나의 작품을 올리는 게 아니니까." 윌리엄이 답했다.

그때까지 우리가 일하던 방식은 이렇다. 우선, 내가 제작한 작품이나 해외시장에 진출하고자 하는 한국 공연 중 가능성이 높은 작품을 윌리엄에게 소개하고, 어셈블리의 프로그래머, 프로듀서들과 의견을 나눈다. 작품의 와우 포인트Wow-point와 윅 포인트Weak-point를 분석하고, 홍보마케팅으로 부각시킬 부분에 대한 의견도 교환하고, 어느 규모로 어떤 극장에 어느 시간대에 배치하는 게 가장 효과적일지 의논하고 축제 참가에 대한 최종 결정을 내린다. 이러한 협의는 전년도 12월부터 해당 연도 2월까지 진행되고, 5개월의 준비 과정을 거쳐 8월 한 달간 공연을 진행한다. 이때까지 우리는 많아야 1~2 작품을 최종 선정해서 어셈블리에 선보였고, 어셈블리 이외의 공연장에도 각 공연의 특징에 맞는 배뉴와 시간대를 매칭하여 공연을 올리곤 했다.

"그래? 우리는 벌써 10년 넘게 공연을 함께 올리고 있는데, 왜 나랑 '코리안 시즌' 하자고 안 했어?"

"네가 하자고 안 했잖아."

"아… 그렇구나. 그럼, 우리도 코리안 시즌 하자." 나는 웃으며 제안했고, "그래" 하고 윌리엄도 웃으며 대답했다.

2013년 8월, 우리는 한 장짜리 협약서로 2015년부터 코리안

시즌을 진행하기로 약속했다.

1999년 난타의 성공에 견인차 역할을 한 어셈블리는 명실공히 에든버러에서 가장 역사가 깊으며 관객에게 신뢰받는 공연장이다. 첫 인연 이후 십여 년간 나는 어셈블리 공연장과 함께 안정적으로 공연을 선보이며 성공스토리를 만들어 가고 있었고, 같은 기간 매년 소수의 한국 아티스트와 프로덕션이 다른 공연장에서 세계 무대에 도전장을 내밀었다. 누군가는 에든버러에서 공연을 올리는 게 꿈이라고 말했고, 그 꿈을 위해 넉넉하지 않은 예산으로 혹은 부채를 안고 힘겨운 도전을 이어갔다.

제작자 관점에서 사활이 걸린 엄청난 투자임에도 대부분의 프로덕션에게 에든버러 축제 참가는 일생 단 한 번의 도전인 경우가 많다. 그렇기에 그 도전 이전에 얼마만큼의 준비 기간이 필요한지 정확히 알고 프로세스를 진행하는 공연팀은 드물다. 단 한 번의 축제 참가를 위해 수년을 투자하며 축제의 전체 프로세스를 경험하고 흐름을 파악하고, 네트워크를 형성한다는 건 거의 불가능한 일이다. 이로 인해 안타까운 결과가 수반된다.

220개 공연장에서 2,500여 개의 공연이 상연되던 2000년대 중반까지의 에든버러에는 Top 2 공연장이라는 브랜드가 존재했다. 어셈블리와 플레즌스를 일컫는 말이다. 이후, 길디드 벌룬과 언더밸리가 영역을 확장하며 에든버러에는 Big 4 공연장이 형성되었다. 이 외에 실험극의 무대로 명성을 쌓고 있는 써머홀과 현대무용 하면 떠오르는 댄스베이스 등 각각의 브랜드와 인지도를 쌓아가는 배뉴도 있으나 대다수의 공연장은 이름조차 생소하다.

축제에 대해 사전 조사를 할 여력이 없는 공연팀들은 선정 과정을 거치지 않고도 참여하고자 하는 기간에 대관료만 지급하면 들어갈 수 있는 공연장을 선택한다. 공연장마다 쌓아온 인지도와 신뢰의 무게를 계산하지 못한 탓이다. 그리하여, 이름 없는 공연장에서 이름 없이 공연하다 축제의 막이 내린다.

모든 도전은 각각의 의미가 있다. 성공한 도전도 실패한 도전도 모두 그 과정에서 무언가를 경험하고 배운다. 축제의 이름 모를 공연장도 각자의 사명을 가지고 운영되고 있으며, 그곳에 공연을 올리는 프로덕션도 나름의 최선을 다하고 있음을 믿어 의심치 않는다.

그럼에도 불구하고, 팬데믹 이전인 2019년 기준으로 360개 공연장에서 3,800개의 공연이 상연되는 이 거대한 아츠 마켓Arts Market에서 십여 개 남짓의 한국 공연이 멀고 먼 영국의 에든버러까지 날아와서 이름 없이 공연하고 가는 걸 보는 건 마음 아픈 일이다. 물론 멀고 먼 아프리카에서도, 남미에서도 자신들의 작품을 알리러 에든버러에 온다. 우리보다 2배는 비행을 더 해야 하는 호주와 뉴질랜드에서도 날아와 축제에 참가한다. 아프지 않

은 손가락 없고 안타깝지 않은 사연 없지만, 한국인으로서 나는 우선적으로 한국 사람이 보이고, 제작하는 입장에서 제작자가 보이고, 함께 하는 스태프와 배우가 보이기에 십여 년간 마음이 불편했다.

2013년 어셈블리와의 '코리안 시즌' 협약은 다수의 한국공연을 조금 유리한 출발선에 세우는 기회를 만들기 위함이었다. 공연장이 수십 년 동안 공들여 쌓아 올린 신뢰를 등에 업고 한국의 다양한 작품을 선보일 수 있는 파이를 마련한 것이다.

코리안 시즌을 시작하고자 했던 또 다른 이유는 해외 관객에게 한국공연예술에 대한 올바른 정보를 제공하고자 하는 개인적인 욕심이었다. 프린지는 누구에게나 열려 있는 축제이며, 아마추어 공연부터 세계적으로 유명한 프로덕션의 작품까지 공존하는 세계 최대 규모의 아츠 마켓이다.

프린지 정신을 잘 알면서도 개인의 욕심은 3,800개의 공연 중 겨우 십여 개 남짓 선보이는 한국 공연이 나름의 작품성을 인정받는 공연이길 바랐다. 글로벌 OTT 1위 자리에 한국 드라마가 위치하는 게 일상이 된 2023년, 세계적인 시상식에서 한국 영화가 작품상을 받는 게 더 이상 놀랍지 않은 요즘이지만, 공연예술의 경우는 아직도 갈 길이 멀다. 여전히 한국 공연을 한 번이라도 본 외국인을 만나는 건 쉬운 일이 아니다.

평생 한 번 한국 공연을 볼까 말까 한 외국인 관객이 축제에서 우연히 관람한 아마추어 공연을 보고 마치 한국의 문화예술 전체를 본 것처럼 얘기하는 게 싫었다. 작품성을 인정받는 공연부터 아마추어 공연까지 다양한 선택지가 있으면 좋겠다는 생각이 들었다. 자신의 결정으로 관람한 공연이 한국 공연예술의 일부임을 인지하게 만들고 싶었다. 공연 하나로 한국 공연예술 전반을 섣부르게 판단하는 오류를 막고 싶었다. 나 또한 꽤 섣부른 판단을 하는 사람이기에…

매년 축제에 70개국의 작품이 선보인다고 하지만 활발한 창작 활동으로 우수한 신작을 기대할 수 있는 국가는 영국, 프랑스, 독일, 스페인, 벨기에, 미국, 캐나다, 호주, 대만 등 열 손가락 안에 꼽을 수 있다.

유럽 내에서도 스위스 공연을 보는 건 꽤 드문 일이다. 나는 몇 년 전 본 스위스 공연 하나로 스위스 공연예술 전반에 대한 섣부른 판단을 내렸다. 찾지 않으면(열심히 찾아도) 보기 힘든 스위스 공연으로 인해, 나는 평생 한 번 본 스위스 공연 하나로 스위스 공연예술 전반에 대해, 창작자와 콘텐츠의 부재에 관해 얘기했고, 스위스는 공연예술이 발달하지 않은 나라라는 섣부른 판단을 내렸으며, 지금까지도 시간을 들여 진실을 확인할 생각조차 하지 않고 있다.

그러니 나처럼 섣부른 판단을 내린 후에 진실을 확인할 리 없는 해외 관객에게 내가 할 수 있는 일은 축제 내에서 쉽게 접할 수 있는 다양한 선택지를 주는 것이라고 생각했다. 코리안 시즌에 선정하는 공연 장르는 연극, 퍼포먼스, 음악, 신체극, 무용, 전통 등으로 다양하다. 장르별 작품을 선정하는 이유는 윌리엄이 얘기한 '시즌 안에서 다채로운 문화를 선보인다'라는 목적 이외에 한국의 공연예술이 각각의 장르별 얼마나 비약적인 발전을 했는지, 왜 한국을 콘텐츠 강국이라 부르는지 보여주고 싶은 개인의 욕심도 들어 있다.

안타깝지만 코리안 시즌 또한 참여하고자 하는 모든 공연을 담아 가지 못한다. 코리안 시즌은 많은 이들이 '전쟁터'라 표현하는 세계 최대의 아츠 마켓에서 한국 공연을 '신뢰받는 공연장'이라는 조금 유리한 출발선에 세우고, 축제의 환경을 모르는 공연팀에게 25년의 경험과 네트워크를 공유하기 위해 존재한다.

2015년 첫선을 보인 '코리안 시즌'은 각기 다른 장르의 한국 공연 5 작품을 선정하여 8월 한 달간 130회 공연을 선보였으며, 영국 언론으로부터 "10점 만점에 10점", "놀라운 공연"이라는 최고의 평가를 받았다. 2016년 선정된 5개의 작품 중 2개의 공연이 각각 아시안 아츠 어워즈의 베스트 프로덕션상과 베스트 코메디상을 받았으며, 미국, 스페인, 영국, UAE, 하와이, 폴란드, 독일, 호주, 뉴질랜드 등지의 페스티벌과 공연장에 초청되었다. 2017년 선정 공연은 연일 매진을 기록했으며 장르를 넓혀 문학 부문에 황석영 작가를 선정하여 에든버러 인터내셔널 북 페스티벌에서 북 콘서트를 진행하였다. 제5회 코리안 시즌은 선정된 5개의 작품이 126회의 공연을 펼치며 4개의 트로피를 거머쥐었다.

2020년 2월 제6회 코리안 시즌은 5개 작품의 최종 선정을 마치고 작품별 업그레이드와 홍보마케팅 전략을 고민하며 축제 참가를 준비하고 있었다. 2020년 4월, 에든버러로부터 '축제 공식 취소'라는 비보가 날아들었다. 도쿄올림픽이 취소되었고, 유럽에 확진자가 늘고 있다는 뉴스를 접하고 있었기에 어느 정도 예상된 일이었다. 코리안 시즌의 준비기간이 그렇게 일 년이 늘어났다고 생각했다. 하지만 그 다음 해에도 축제는 개최되지 않았다.

모두를 위한 축제는 서로의 벽을 허물고, 지구온난화에 대한 화두를 던지고, 새로운 삶의 방식에 대한 고민의 흔적을 담아내며, 각기 다른 환경에서 생활하는 우리의 삶에 관한 질문과 해법을 다룬다. 서로의 문화에 대한 이해는 세상의 많은 문제를 해결하는 힘을 가지고 있다. 이해해야 받아들일 수 있다.

우리는 축제에서 성장했고, 그 성장이 멈추지 않길 기도한다.

그녀가
세상을 보는
시선

켈리 압터
Kelly Apter

Racing Minds
present
AAND NOW FOR
ETHING COMPLETELY
PROVISED
S OF COMEDY'
HREE WEEKS
ELY ORIGINAL'

말로 하지 않아도 알 수 있다.

어깨를 다독이는 손

손등에 포개지는 손

등을 쓸어내리는 손

볼을 감싸는 손

머리를 쓰다듬는 손

마주잡은 손…

온기를 담은 손은 많은 말을 건넨다.

마음을 건넨다.

괜찮다고, 그 마음 안다고,

조금만 힘내 보자고,

당신의 옆에 서 있겠다고…

2005년 8월 첫째 주 일요일 오후, 에든버러의 시민들은 거리로 몰려나왔다. 축제의 메인이벤트인 카발케이드Cavalcade를 보기 위해서였다. 관객들은 차량이 통제된 거리의 양쪽으로 끝없이 길게 늘어서 자리를 잡았고, 우리는 긴 시간 스타트라인에서 대기하고 있었다.

스타트라인에 모인 퍼포머들은 촘촘히 대형을 유지하고 있었지만, 그 끝이 가늠되지 않았다. 퍼레이드는 규모로도 압권이었지만, 다양한 국가의 문화와 세계관을 만날 수 있는 곳이라 더욱 흥미로웠다. 영화 '가디언즈 오브 갤럭시'에서 만나게 될 듯한 외계 생명체들과 귀엽고 웃기고 기괴한 광대들과 일본의 마츠리에서 온 전통의상을 입고 컬러풀하고 앙증맞은 우산을 든 여성들과 와일드한 의상의 미국 텍사스걸들과 낭만이 살아있던 제인 오스틴 시대의 클래식한 영국 여성들과 세상의 모든 색을 걸친 듯 화려한 호주의 드렉퀸이 한자리에 모여 있었다. 오스틴 파워 코스프레를 한 장난기 가득한 배우와 경호를 맡은 듯 절묘하게 서 있던 영국의 폴리스 홀스까지 넘쳐나는 볼거리에 긴 대기시간은 즐거움으로 가득했다. 서로가 서로를 신기하게 쳐다보다 눈이 마주치면 이내 웃음이 터져 나왔다. 축제의 풍경이었다.

사전적 의미로 카발케이드란 '말이나 자동차의 행렬'을 뜻하지만, 다양한 퍼레이드를 지칭하기도 한다. 축제에서 가장 규모가 큰 이벤트였던 이 퍼레이드에는 밀리터리 타투Millitary Tatoo의 군악대 행렬, 백파이프 연주자들의 행렬, 슈퍼카 행렬, 프린지에 참여하는 공연 중 사전 선별된 공연팀들의 화려한 볼거리가 끝없이 이어졌다. 2010년을 마지막으로 지금은 볼 수 없게 되었지만, 이 빅 이벤트는 당시 공연팀에게 최고의 홍보 기회를 제공했다.

카발케이드와 함께 축제 초반에 공연을 알리기 위해 참가하는 중요한 행사로 프린지 오프닝 파티가 있었다. 두 이벤트 모두 그해에 참가하는 공연 중에서 극소수만 선발되기에, 언론과 관객이라는 두 마리 토끼를 모두 잡을 수 있는 가장 중요한 홍보 툴Tool이었다.

당시 에든버러 경력 6년 차인 나는 이미 익숙해진 축제 스케줄에 맞춰 모든 일을 사전에 대비할 수 있었다. 함께 손발을 맞춘 현지 홍보대행사와도 익숙한 루틴으로 홍보계획을 수립했고, 다년간 쌓은 노하우와 네트워크로 우리는 매년 축제의 메인 행사에 공연을 선보일 수 있었다. 우리는 축제 시작 3~4개월 전부터 축제 측 두 이벤트 담당자에게 공연의 의상, 분장, 퍼포먼스의 특이점을 어필했고, 거리 퍼포먼스 구성과 짧은 하이라이트 무대 구성을 자세히 설명했다. 두 개의 이벤트 모두 제한된 수의 공연을 선보이므로 차별성과 볼거리가 선발의 중요한 키워드가 되었다.

공연을 홍보하기 위해 체계적으로 준비하는 두 개의 메인 이벤트와 보도자료 배포 이외에도 축제 초반에는 인터뷰, 포토콜Photocall, 현지 유명 인사와의 콜라보 등 최대한 주목받을 수 있는 스케줄로 언론과 관객의 관심을 유발해야 한다.

현지 셀럽과의 콜라보 무대 중 우리가 매년 빠뜨리지 않고 참여하는 프로그램으로는 BBC 공개방송과 머빈 스타터Mervyn Stutter의 '픽 오브 더 프린지Pick of the Fringe'가 있었다. BBC는 축제 기간 팝업 시어터(빅탑시어터 형태의 공개홀)를 세우고 다양한 프로그램의 공개방송을 이어갔고, 그란트와 제니스의 인터뷰는 현지인들에게 공연을 소개하는 데 큰 도움이 되곤 했다.

1992년부터 플레즌스Pleasance공연장에서 상연되고 있는 픽 오브 더 프린지는 영국의 유명 코미디언이자 작가인 머빈의 진행으로 매진 행렬을 이어갔다. 90분 동안 진행되는 이 공연에서 머빈은 심혈을 기울여 선별한 7~8개 공연의 쇼케이스와 함께 특유의 재치 있는 인터뷰와 토크를 선보이며 그 인기를 30년간 이어가고 있다.

홍보마케팅 계획을 수립할 때 그 무엇보다 신중에 신중을 기하는 건 공연의 첫인상, 메인 이미지다. 이는 20년 전이나 지금이나 다르지 않다. 2019년 기준 3,800개의 공연이 6만 회 상연되는 에든버러에서 공연을 알린다는 건 쉬운 일이 아니다. 노출=비용이다. 온라인 광고든 오프라인 광고든 마음껏 할 수 있는 환경이란 없다. 정해진 예산 내에서 선택과 집중을 요하는 광고에 이미지만큼 중요한 건 없다.

축제에는 포스터에 있는 유명 배우와 코미디언의 얼굴만으로 매진되는 공연도 있고, 호기심을 자극하는 힙한 이미지로 초반 관객몰이에 성공하는 공연도 있다. 물론 마지막까지 흥행을 이어가려면 결국 공연 자체가 좋아야 한다. 어쨌든, 에든버러에 처음 선보이는 공연이 대중의 관심을 단번에 끌기 위해서는 눈길을 끌고 흥미를 유발하는 매력적인 하나의 이미지가 필요하다. 너무나 당연한 얘기지만, 그저 관심을 끌기 위해 공연과 전혀 관계없는 이미지를 사용해서는 안 된다.

3월부터 홍보마케팅 관련 준비를 순조롭게 진행하고, 축제 첫째 주 가장 중요한 메인이벤트와 프리뷰 기사 작업, 포토콜, 인터뷰도 계획한 대로 진행했다면, 이제부터 승패를 가르는 건 오롯이 작품이다. 전문가의 리뷰와 공연을 본 관객의 입소문이 축제의 중후반 객석점유율을 좌우한다.

20년이 지난 지금도 여전히 영향력 있는 언론사로는 스콧츠맨The Scotsman, 가디언The Guardian, 타임즈The Times, 해럴드The Heralds, 리스트The List, 페스트The Fest, 스테이지The Stage 등이 있다. 수년 새 온라인 미디어가 늘어나면서 공연을 리뷰하는 곳은 많아졌지만, 안타깝게도 메인 언론사들이 공연을 리뷰하는 지면은 매년 줄어들고 있다.

에든버러에서 비평가는 공연을 관람하고 리뷰를 실으며 별점을 매긴다. 몇 개의 리뷰로 작품을 백 프로 판단해서는 안 되지만, 8월 한 달간 상연되는 3,800개의 공연정보가 담긴 두꺼운 공식 프로그램 북을 넘기다 보면 누구나 백기를 들기 마련이다.

요즘, OTT에 선보이는 드라마나 영화를 보고자 접속했다가 어떤 작품을 볼지 고르는 데만 한두 시간을 보내다 정작 영화나 드라마는 보지 못하고 잠드는 사람이 많다는 얘기가 자주 언급되는 것처럼, 축제에서도 수많은 공연에 압도되어 정보를 찾다가 지치는 형국이다.

짧은 공연 설명과 하나의 이미지로 알 수 있는 정보는 제한적이며, 축제 기간 공연을 관람할 수 있는 시간도 제한적이다. 공연의 런닝타임과 공연장 간 이동시간을 고려하면 하루 최대 볼 수 있는 공연은 7개 남짓이다. 이러한 스케줄로 매일 같이 공연을 본다면 8월 한 달간 200개 작품을 볼 수 있을 것이다. 하지만 단순 계산이 그렇다는 말이며, 현실적으로 불가능한 수치다. 체력이 뒷받침해 주고 호기심으로 가득했던 2000년대 초반, 나의 최대 스코어도 100개를 넘지 못했다.

그렇게 본 공연은 머릿속에서 뒤죽박죽 섞이기 일쑤다. 이 장면이 이 공연에 나온 건지, 이 캐릭터가 이 공연에 있었던 건지, 메모를 들춰보지 않는 이상 나의 기억은 완벽과 거리가 멀다. 요지는 어떤 공연을 반드시 봐야 한다는 특별한 이유가 없는 이상, 일반 관객이 일부러 별점 3개 이하인 공연을 선택해서 보는 경우는 드물다는 얘기다.

최고 평점은 별 5개다. 영향력 있는 매체에서 받은 별 4개와 5개는 공연을 홍보할 때 가장 큰 무기가 된다. 이는 에든버러에서만 통하는 게 아니다. 축제에서 받은 언론사 리뷰는 다른 해외 투어를 연계하는 홍보의 초석이 되며, 초청을 결정한 프리젠터가 현지에서 공연을 홍보하는 기본 자료로 사용된다.

켈리Kelly Apter는 스코틀랜드 최대 일간지 스콧츠맨The Scotsman의 저널리스트이자 리뷰어다. 오랜 시간 무용과 피지컬 시어터의 전문 비평가로 활동해 온 그녀는 시대가 지나면서 아트서커스와 캬바레 등의 예술과 엔터의 경계를 넘나드는 장르도 커버하기 시작했다.

그녀는 따뜻한 시선으로 무대를 보는 사람이다. 그녀의 가슴을 거쳐 나온 글들은 많은 이들의 공감을 얻는다. 아티스트와 창작진을 이해하려고 노력한 흔적이 묻어나는 그녀의 비평은 그래서 비난이 아니다. 신랄하지 않다. 그렇다고 별점을 무조건 잘 준다는 얘기가 아니다. 그녀의 별점은 평가의 가이드대로 공정하지만, 별점이 낮을 때조차 그녀의 글에는 연민Sympathy이 묻어 있다. 나는 그런 그녀가 공연을 리뷰하는 사람이라는 사실에 안도감을 느낀다.

축제 기간 켈리의 스케줄은 가히 살인적이다. 몇 개월에 걸쳐 공들여 확정했을 리뷰할 공연의 리스트업이 끝나면 날짜와 시간의 저글링이 시작된다. 운 좋게 같은 공연장의 앞뒤 공연으로 일정을 맞출 수 있다면 공연의 턴어라운드 시간인 30분 동안 빠르게 허기를 해결할 수도 있을 것이다. 기본적으로 그녀의 스케줄에는 한 달간 개인적인 식사 시간이 없다.

그녀의 엄청난 스케줄과 나의 (나름) 바쁜 스케줄을 맞추는 작업은 첩보물이다. 운 좋게도 우리는 매년 만남에 성공해 왔다. 각자 봐야 하는 공연의 스케줄을 공유하며, 가능하면 하루라도 같은 공연을 보려고 애쓴다. 이 경우 줄 서서 입장을 기다리는 시간, 앉아서 공연이 시작되길 기다리는 시간, 공연이 끝나고 다음 공연장으로 이동하는 시간까지 짬짬이 이야기를 나눌 수 있다. 밀린 1년간의 질문과 대답을 어느 정도 소화해 낼 수 있는 시간

이 주어지는 것이다. 짧은 접선일 경우, 거리가 가까운 공연장에서 각자 관람해야 하는 공연을 기다리는 15분~30분간의 중간 접선이 전부일 때도 있다.

그녀와 함께하는 순간은 언제나 따뜻함으로 충만하다. 가족의 안부를 묻고, 짧고 굵게 최근 근황을 얘기하고, 축제의 규모는 매년 터질 듯 커져 가는 데 리뷰하는 지면은 줄어드는 아이러니를 얘기하고, 좀 더 많은 공연을 소개할 수 없는 환경에 탄식한다. 밥 먹을 시간을 없애 한 작품이라도 더 세상에 알리고자 하는 그녀의 진심은 공연을 만드는 사람에게 눈물이 날 것 같은 온기로 전해진다.

에든버러 축제에 참가한 지 어느새 10여 년을 지나고 있던 2010년, 켈리는 촉촉해진 눈으로 며칠 전 보러 간 공연 얘기를 꺼냈다.

"관객이 나밖에 없었어. I was the only audience."

리뷰어들은 프레스 티켓을 예약하기 때문에, 공연팀은 어느 언론사의 누가 언제 우리 공연을 보러 오는지 미리 알 수 있다. 그녀가 본 공연의 배우들도 이미 스콧츠맨에서 리뷰어가 온다는 걸 알고 있었을 것이다. 그리고 객석에 한 사람이 앉아 있었으니, 공연팀도 비평가도 이 얼마나 난감한 상황인가…

"다음에 다시 오는 게 맞지 않을까? 하는 생각을 했어. 나 한 사람 때문에 공연을 해야 하다니…"

리뷰어는 오롯이 자신의 판단으로 작품을 리뷰하지만, 다른 관객의 반응도 살핀다. 어떤 공연에 어느 연령대의 관객들이 폭발적으로 많은지, 어떤 반응을 보이는지가 공연 리뷰에 포함되기도 한다.

이내 공연이 시작되었고, 그녀는 작은 공연장에서 배우의 숨소리와 떨림을 느끼며, 자신의 숨소리나 작은 움직임이 방해가 되지 않을까 걱정하며 경직된 몸으로 한 시간을 있었다고 했다. 평소에는 관객 틈새에서 공연의 중간중간 방해가 되지 않을 정도의 움직임으로 메모를 하는 그녀지만 이번엔 아무것도 쓰지 못했다고 했다. 상상하는 것만으로도 몸이 경직되고 숨쉬기가 힘들었다.

프린지는 모두에게 열려 있는 공간이다. 공연장별 네임 밸류가 있고 상연하는 방식이 다를 뿐, 프린지의 300개가 넘는 공연장 중 많은 곳에서 아마추어 공연이 상연된다. 도전하는 젊은 아티스트의 열정과 가능성, 신선한 무대언어를 만날 수 있는 곳이며, 1947년 시작된 프린지의 정신이 이어지고 있다는 증거이기도 하다. 모두에게 열려 있는 공간. 말은 멋있지만, 아마추어 공연팀이 맞닥뜨리는 건 관객이 없어 공연을 취소해야 하는 냉혹한 현실일 때도 있다.

프린지에서 탄생한 유명한 공연과 배우는 셀 수 없이 많다. 세계인이 사랑하는 배우 로빈 윌리엄스는 1971년 프린지에서 스탠드업 코미디로 자신을 알리기 시작했고, 엠마 톰슨은 1981년 풋라이트라는 공연으로 퍼스트 페리에 어워드를 받으며 이름을 알렸다. 시트콤의 여왕이라 불리는 미란다 하트는 1994년을 시작으로 2005년까지 프린지에 공연을 올렸고, 어메리카스 갓 탤런트로 유명한 '테이프 페이스'도 프린지 출신이다. '스텀프'의 30년 해외 투어 역사의 시작도, '난타'의 20년 공연의 시작도 에든버러 페스티벌 프린지다.

그녀는 자신의 스케줄이 허락하는 한 다양성을 담아내고자 한다. 매튜 본의 공연이나 로열 셰익스피어 컴퍼니, 스코티시 발레의 신작, 그리고 조앤 롤링의 북 리뷰까지 해야 하는 그녀지만, 적어도 프린지 기간만큼은 아직은 이름 없는 공연의 이름을 확인하고 불러주려 노력하는 사람이다.

그녀의 글에는 자신이 얼마나 전문적이고 어려운 단어를 많이 아는지를 부러 알리려는 의지가 하나도 없다. 읽기 편한 일상적인 문체에 자신의 전문가적 소신을 담은 그녀의 글은 그녀의 10대 딸들이 쉽게 읽고 공연에 대한 자신의 생각을 나눌 수 있을 정도의 배려를 품고 있는 듯 보인다.

2012년 5월, 에든버러 축제 상연을 확정한 한국 공연의 사전

홍보를 위해, 나는 켈리와 또 한 명의 저널리스트를 서울로 초대했다. 현지 홍보대행사와 협의 후 진행한 출장으로, 우리는 스콧츠맨과 더 리스트 매거진, 그리고 젊은 층이 많이 보는 일간지에 각각 프리뷰 기사를 실을 계획이었다.

친구들에게 단편적으로 선보이던 우리 문화를 온전히 소개할 수 있는 3박 4일의 시간이 나에게 주어졌다. 트랜짓을 포함하면 거의 17시간을 날아오는데 겨우 3일 밤을 보내고 가야 한다는 사실이 마음에 걸렸지만, 비즈니스 트립인지라 체류 기간을 늘릴 수는 없다고 했다. 정해진 시간을 최대로 활용하여 서울을 보여주는 수밖에 없었다.

켈리는 푸석한 얼굴을 하고도 열정적으로 한국의 문화를 흡수했다. 우리가 계획한 기획 기사에는 공연소개만 들어가는 게 아니었다. 그 공연을 탄생시킨 한국이라는 나라, 서울이라는 도시를 소개하고 사람들의 이해와 공감을 끌어내는 게 중요하다고 생각했다.

한국인이면 누구나 한식에 대한 자부심을 가지고 있을 것이다. 나 또한 예외는 아니어서 해외에서 친구들이 방문하면 가능한 다양한 식문화를 경험하게 한다. 궁중요리, 전주식 한상차림, 사찰음식, 광장시장, 포장마차, 그리고 한국식 BBQ가 나의 한식 문화 체험 코스다. 일정에 여유가 있다면 이틀에 한 번 정도 빵이 그리울 수도 있는 친구들을 배려해 브런치와 이탈리안 레스토랑을 배치하기도 하지만, 3박 4일 일정 안에는 이 배려가 들어갈 틈이 없다.

친구들은 음식이 서빙될 때마다 탄성을 자아내지만, 이들의 기억 속에 가장 오래 남는 건 한국의 BBQ다. 외국인들에게 '구워 먹는 고기'를 모두 'BBQ'라는 한 단어로 설명하지만, 이 단어는 우리나라의 다양한 불과 불판, 그리고 고기를 굽는 현란한 스킬을 담아내지 못한다. 한국의 BBQ는 가히 '퍼포먼스'라 부를 만하다. 나는 그 다양한 실체를 경험하며 놀라는 친구들을 보는 걸 좋아한다.

켈리는 쌈을 좋아했다. 손에 상추와 깻잎을 들고 한 점의 고기와 자신이 선택한 각종 재료와 소스를 넣어 스스로 만들어 먹는 행위 자체가 즐겁다고 말했다. 맛있다는 감탄사를 연발하며 그녀는 채소를 이렇게 많이 먹을 수 있는 줄 몰랐다며 놀라워했다. 우리의 쌈은 샐러드로 먹는 채소와는 양에서 엄청난 차이가 난다. 푸른 잎 3~4장을 썰어 넣는 것만으로 금세 차오르는 샐러드볼과 취향에 맞춰 1~3장의 잎에 고기를 올려 먹는 쌈의 무한반복 패턴을 떠올려 보면 비교가 될 것이다.

이후 에든버러에서의 우리 대화에는 그녀의 서울 방문기가 자주 언급된다. 켈리는 지금도 '아무리 배가 불렀어도 그때 남긴 그 음식들을 다 먹고 왔어야 했어…' 라는 후회와 함께 입맛을 다신다.

도착한 다음 날, 우리는 방문의 주목적인 공연을 보러 갔다. 공연에 앞서, 나는 꽤나 장황하게 불필요한 밑밥을 깔았다. 이 공연의 연습 기간이 얼마나 되고, 창작 퍼포먼스의 초연이라 남은 기간 계속 업그레이드를 해 나갈 계획이며, 이 작품에 참가한 창작진과 배우가 얼마나 믿음직한 사람들이고… 등등.

켈리는 전문가다. 나보다 긴 시간 공연예술계를 지켜봐 온 사람으로 이 바닥의 생리를 잘 알고 있다. 그녀는 으레 따뜻한 미소와 함께 내 손 위에 손을 포개며 걱정하지 말라는 눈빛을 보냈다. 창작공연의 초연이니 충분히 감안하고 볼 거라고, 그 가능성을 보고 얘기해 주겠다고…

공연이 끝나고, 나는 애서 궁금증을 누르며 아무런 질문도 하지 않았다. 로비로 이동할 때까지 켈리에게 생각을 정리할 시간을 주고 싶었다. 그녀는 자신의 의견을 궁금해할 나를 위해 다른 관객들이 객석을 빠져나가는 걸 잠시 지켜보다가 다시 자리에 앉아 입을 열었다. 퍼포먼스는 신선했고, 캐릭터의 관계를 만들어 가는 아기자기한 스토리라인이 맘에 들었다고. 얘기하는 내 내 미소를 짓고 있는 그녀의 눈을 보니, 8월 공연에 대한 걱정이 조금은 가시는 것 같았다.

하지만, 7월 말 서울의 연습실에서 공연의 마지막 런Run-through을 본 나는 무거운 마음으로 비행기에 올라야 했다.

2012년 8월 첫째 주 프레스콜. 이미 언론 초청을 마친 현지 홍보 담당 친구들과 나는 공연장 앞에서 좌불안석이었다. 특히, 켈리를 볼 면목이 없었다. 초연 이후, 프로덕션은 내부의 분분한 의견으로 연출을 바꿨다. 이후 두 달여, 제목과 기본 요소가 되는 퍼포먼스를 제외한 모든 부분에서 공연은 완전히 다른 작품이 되어 있었다. 극작이 명확하고 텍스트의 힘이 강한 공연도 연출에 따라 완전히 다른 색감의 작품으로 발현되기 마련이다. 하물며 넌버벌 퍼포먼스다. 대사가 없는 퍼포먼스는 연출이 시놉을 쓰는 경우가 많다. 퍼포먼스의 메인 무기인 비보잉, 무술, 타악, 무용, 마술 등의 볼거리를 미리 선택하고 공연을 제작하기 때문에, 각각의 재능을 탑재한 배우 캐스팅이 끝난 공연의 퍼포먼스를 바꾸는 건 쉽지 않다. 하지만, 연출에 따라 캐릭터와 스토리는 완전히 바뀔 수 있는 게 비언어극이다.

두 달 동안 공연이 어떻게 업그레이드됐는지 보러 온 켈리는 이내 울상이 되었다. 공연에는 그녀가 맘에 든다고 했던 '캐릭터들이 쌓아가는 관계'와 '아기자기한 스토리라인'이 사라진 상태였다. 서울 방문 후 작성한 그녀의 프리뷰는 7월 말 축제가 시작되기 전에 기사로 나갔다. 그녀는 자신이 작성한 글의 내용이 거짓이 되는 상황을 직면한 것이다.

5월 말 프로덕션에서 연출을 바꾸고 두 달의 업그레이드에 들어간다고 했을 때, 나도 그녀도 그 누구도 이런 상황을 예상하지 못했다. '업그레이드'라는 단어는 현재 창작해 놓은 작품에서 부족한 부분을 채우고 작품의 완성도를 높여가는 작업으로 인지될 뿐 '완전히 다른 작품'이 될 수도 있다는 건 상상도 하지 못했다.

누군가는 개개인의 취향이라 말할 수도 있겠지만, 우리는 작품의 스토리를 중시하는 사람이다. 인물의 감정선을 따라가며 작품을 본다. 볼거리의 나열, 소위 말하는 '소품 공연'에 대한 호불호의 얘기가 아니다. 개인적인 성향이 '이야기가 중심이 되는 공연'을 선호한다는 지극히 주관적인 얘기다. 인위적이지 않은 살 냄새나는 이야기에 마음이 가는 부류이기에, 캐릭터(사람)를 배제한 채 흑백의 경쟁 구도로 볼거리만을 제공하는 새로 '업그레이드'된 공연은 정이 가지 않았다.

울상을 한 얼굴을 하고도, 그녀는 나의 무거운 마음을 먼저 들여다보는 것 같았다.

"엔젤라, 괜찮아. 네가 이미 공연은 수정될 거라고 말했었잖아. 이해가 가. 충분히 일어날 수 있는 일이야. Angella, It's OK. You already told me that there will be changes. I fully understand. That happens."

켈리는 그런 사람이다. 자신보다 상대방의 마음을 먼저 들여

다보는 사람. 눈빛이 따뜻한 사람. 늘 누군가에게 힘이 되어 주고 싶어 하는 그 마음이 유리처럼 투명한 눈을 통해 전해지는 사람. 엄마의 시선으로 세상을 보는 사람.

나의 세상은 그녀가 있어 조금 더 좋은 곳이 된다.

제작자의 판단 하나가 얼마나 중요한지…

의심과 고민은 창작진을 섭외하기 전까지 하는 것이고, 작업에 들어가면 각 영역의 전문가들을 믿고 맡겨야 한다. 창작 초연에 만족스러운 공연이 나오는 경우는 극히 드물다. 함께 한 그들이 문제점도 가장 잘 알고 있을 것이다.

한 작품에 오래 몰두하면 안에서는 보이지 않는 풀리지 않는 문제들이 있기 마련이다. 퍼포먼스의 경우, 이제는 일반화된 쇼닥터의 활용이 공연의 업그레이드에 주요하게 작용한다. 새로운 시각으로 작품을 바라보는 외부 전문가들은 작품이 발전할 수 있는 방향을 제시해 줄 수도 있고, 초기 창작진들이 '내 공연'이라는 애착과 고집으로 쥐고 있는 불필요한 장면들을 정리하는 좋은 해법을 제시해 줄 수도 있다.

프로덕션은 심각성을 인지했고, 공연은 다시 오리지널 연출과 함께 5월 버전으로 되돌리는 연습에 돌입했다. 매일 연습을 하며 바뀐 부분을 반영하여 다음 날 공연을 하는 최초의 공연 방식이 시도되었다. 배우와 스텝들 모두가 진이 빠지는 작업이 8월 한 달간 이어졌다. 공연은 이도 저도 아닌 모습으로 매일 변화하며 상연되었고, 그렇게 축제가 저물어갔다.

안타깝지만, 공연은 그해 좋은 평점을 받지 못했다.

상호 의존적인 관계

루이스 찬탈
Louise Chantal

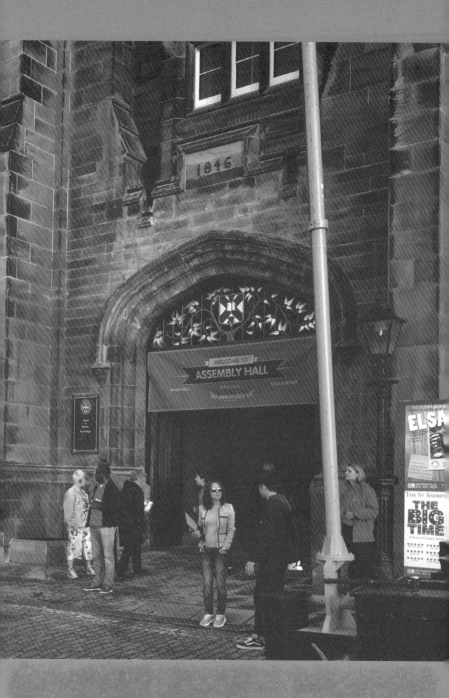

누군가를 기억하는 일이
사랑하는 사람들의 영혼을, 자신의 영혼을
증명하는 행동이라는 말이 있다.

매일 신문을 정독하는 엄마 옆에
바짝 붙어 앉아서 나는 책을 읽었다.
그림책에서 동화책, 소설과 에세이,
수업 관련 서적으로의 변화와 함께
나는 엄마 옆에서 책과 함께 무럭무럭 자랐다.

나에게 글은 곧 엄마고,
그래서 따뜻하고 편안하다.
작가가 아닌 내가 글을 쓰는 게
일상처럼 편안했던 이유다.

이제는 그 따뜻한 느낌에
눈물이 한 방울씩 스며들지만,
그 감정 안에서 나는 또 미소 짓는다.
나의 일상 곳곳에 그녀가 있다.
나는 그녀를 잃고
주변 사람을 더욱더 귀하게 여기며 아끼는
조금 더 좋은 사람이 되어간다.
그녀는 그렇게 모든 순간에 나를
더 나은 사람이 되게 이끈다.

관계는 함께 한 시간과 상호 신뢰와 지극히 개인적인 공감으로 형성된다.

    2005년 2월 서울, 늦은 저녁을 먹고 들어와 노트북을 열었다. 공연 관련 영문자료를 펼쳐 놓고, 인터넷 전화를 들어 +005 44⋯ 저장된 번호를 눌렀다.

    "Hello, Young lady"

    짧은 통화대기음 뒤로 반가운 목소리가 들려왔다.

    "Hi, Louise. How are you today?"

    나는 매번 같은 인사말로 통화를 시작했다. 날씨에 대한 가벼운 대화를 나누고, 루이스의 고양이에 대한 안부를 묻고 나서야 우리는 사전에 협의하기로 했던 공연에 대한 의견을 나누기 시작했다.

    "지금 우리가 상의한 얘기들을 윌리엄한테 전하고, 의견을 정리해서 이메일로 보내 놓을게. I'll talk to William about this and send you an email confirmation right away."라고 말하는 루이스에게, 나는 "그럼, 이메일 보고 내가 다시 전화할게"라고 답했다. 내 말이 끝나기도

전에 루이스의 애정 섞인 잔소리가 시작됐다.

"아니, 아니… 기다리면 안 돼. 지금 바로 침대로 가라고. 일은 내일 해도 돼. 알겠지? 엔젤라, 잠 좀 자! No, no… You don't wait! Young lady, you need to go to bed now. It can wait till tomorrow. OK? Angella, Go to bed!"

전화기 너머로 루이스의 잔소리를 들을 때마다 나는 기분이 좋아진다. 내 안에 나도 모르는 변태 성향이 있는 게 틀림없다.

그녀는 정이 많은 사람이다. 함께 일하는 사람들의 마음을 잘 헤아리고, 늘 잊지 않고 그들이 사랑하는 사람들의 안부를 묻는다. 루이스가 어셈블리의 프로그래머로 함께 일했던 2005년과 2006년의 에든버러는 단지 그녀가 거기에 있다는 사실만으로 고향 집을 방문하는 충만한 행복을 주었다.

어셈블리 프로그래머는 22개의 크고 작은 어셈블리 공연장에서 축제 기간 공연하고 싶어 하는 2천여 개 공연의 정보와 영상을 우편 또는 이메일로 받아 보게 된다. 이 방대한 자료를 모두 보고 이 중 200여 개 공연을 선별하는 역할을 담당한다. 소수의 공연은 상연하는 도시에 직접 가서 라이브로 관람하기도 하지만, 대부분의 공연은 풀버전 영상으로 대체하게 되며 신청서의 내용을 살피고 판단을 내려야 한다. 모든 선택에는 책임이 따르기 마련이다. 프로그래머에게 가장 힘든 일은 선택받지 못한

1,800개가 넘는 공연팀에게 '안타깝게도…'로 시작하는 회신을 보내는 일일 것이다.

2014년 6월, 우리는 세인트폴 성당 옆 루꼴레타Rucoletta에서 이른 저녁을 먹고 있었다. 나는 런던에서 폴Paul Gudgin이 축제위 원장을 맡은 제53회 시티 오브 런던 페스티벌City of London Festival 의 한국 측 예술감독이자 런던특집행사추진단의 단장을 맡아 축 제 메인 테마로 정한 'Seoul in the City' 프로그램을 운영하고 있 었고, 루이스는 2012년 런던올림픽의 문화 올림피아드Festival and Cultural Olympiad의 프로듀서 활동을 마치고 런던에 머물며 신작 제작에 몰두하고 있었다. 축제의 메인 공연을 세인트 폴 성당에 올리기로 한 덕분에 우리는 운 좋게도 아름다운 성당에서 미팅 을 핑계로 많은 시간을 보냈다.

해가 긴 영국의 여름은 우리에게 나른한 햇살 속에서 화이트 와인 한 병을 비울 수 있는 아름다운 시간을 선물해 주었다. 여유 로운 저녁 시간만큼 우리의 수다도 길어졌다.

"다음 주에 옥스퍼드 플레이하우스 공연장 면접이 잡혔어… I have an interview with Oxford playhouse next week…"

루이스는 2002년 자신의 이름을 딴 루이스 찬탈 프로덕션 Louise Chantal Productions을 설립했고, 독립 프로듀서로 10년 넘게 제작사를 운영해 오고 있었다. 제작사를 운영하며 그녀는 신작을 개발하고, 국제 공동 창/제작 프로젝트를 진행하며, 작품에 대한 고민과 재정적인 문제의 해결과 홍보마케팅 전략을 세우는 멀티맨으로 프로덕션을 책임져야 하는 위치에 있었다.

프로덕션을 운영한다는 건, 자신이 하고자 하는 크리에이티브한 작업을 하기 위해 많은 시간 동안 내키지 않는 엑셀 표 위 숫자로 표현된 작품(예산)을 저글링해야 한다는 의미다. 제작 예산을 낮춰 손익분기점을 낮추려는 고민과 효과적인 홍보마케팅을 위해 예산을 배정해야 하는 상반된 고민을 해야 하는 아이러니한 상황에서 프로듀서의 결단 없이는 바뀌지 않는 숫자를 뚫어져라 바라보는 장시간의 고뇌를 의미한다. 결국 작품에 대한 일부의 포기를 '합리적 결정이었다' 말해야 하는 슬픈 선택을 하는 사람이 프로듀서다. 프로덕션을 설립했을 때 하고자 계획했던 크리에이티브한 작업보다 현실과 타협하며 하기 싫은 일을 더 많이 해야 하는 사람으로 살아가던 그녀는 사이사이 국책사업에 참여하거나 공연장의 프로그래머로 일해 왔고, 미래에 대한 불확실성과 간헐적인 단기 프로젝트성 일들에 많이 지쳐 있었다.

공연예술계의 환경은 영국이라고 더 나아 보이지 않았다. 시간이 지날수록 빈익빈 부익부가 극명해지고, 민간의 독립제작사들은 로또 당첨 같은 '히트' 공연이 나오지 않으면 메이저로 올라서기가 쉽지 않았다. 나 역시 20년 넘게 제작사를 운영하고 있고, 아직은 하고 싶은 이야기가 남아있어 작품을 제작하고 있지만, 당시 안정적인 직장을 갖고자 하는 루이스를 백 프로 이해할 수 있었다.

"면접에 너무 약하거든. I'm really bad at Interviews."
라고 말하며 의기소침해 있는 루이스에게, 나는

"너의 능력은 차고 넘치지! 너를 뽑지 않는다면 그 공연장만 손해야! You're more than qualified! If they don't hire you, it's their loss!"
라고 숨도 쉬지 않고 단숨에 말하고는 식사와 함께 그녀가 좋아하는 레드 와인을 주문했다. 와인을 홀짝이며 옥스퍼드에서 보낸 대학 시절 얘기를 하는 그녀의 눈은 그 어느 때보다 빛났다.

자신이 만들었다는 연극 동아리 이야기, 플레이하우스 공연장에 대한 그녀의 애정과 다시 돌아가면 어떤 작품들을 라인업하고 싶은지, 공연장의 명성을 어떻게 이어갈지 등 결정되지 않은 가까운 미래에 대한 희망이 공연예술을 사랑하는 두 사람의 대화에 활기를 더했다.

2주 뒤, 우리는 같은 자리에 앉아 샴페인을 오픈했다. 면접에 약하다고 엄살을 부리던 루이스는 옥스퍼드 플레이하우스의 예술감독이자 CEO가 되었고, 런던의 집을 빠르게 정리한 뒤 그녀는 한 달 만에 옥스퍼드에 안착했다.

2017년 7월, 나는 런던 코리안 페스티벌 공연을 마치고 옥스퍼드로 향하는 기차에 올랐다. 루이스는 벌써 2년 넘게 옥스퍼드에 놀러 올 계획을 세우라고 다그치고 있었고, 8월 에든버러 축제에 가기 전이나, 축제가 끝나고 일주일쯤 시간을 낼 수 있겠느냐고 구체적인 실행계획까지 세워 독촉하고 있었다.

변경되는 행사와 공연 일정 등으로 계획은 두 차례 불발되었고, 이대로 3년이 넘어가면 그녀가 진심으로 화를 낼 수도 있겠다는 생각이 들 즈음에 우리 둘 모두에게 온전히 함께 할 수 있는 시간이 주어졌다. 기차역으로 마중 나온 그녀와 한참을 부둥켜안고 선 채로 밀린 인사를 나눈 뒤, 3년 만에 성사된 이 감격스러운 옥스퍼드의 짧고도 긴 2박 3일을 함께 지낼 그녀의 집으로 향했다.

루이스에게 옥스퍼드의 집은 의미가 남달랐다. 태어나 처음으로 '내 집'이라는 이름을 붙일 수 있는 곳이었고, 꽃을 사랑하는 그녀가 너무나 갖고 싶어 하던 '자신만의 정원'을 가꿀 수 있는 주택이었기 때문이다.

G층(한국의 1층)은 거실과 주방, 작은 서재로 분리되어 있었고, 1층(2층)과 2층(3층)에는 각각 넓은 침실과 욕실이 있었다. 주방의 뒷문과 연결되는 정원은 완벽한 프라이버시를 보장해 주며 비밀스럽고도 아름다웠다. 옆집과 마주한 경계에는 키가 큰 나

무들이 자연스럽게 울타리를 만들어 주었고, 주방 가까이에는 유리 테이블과 철제 의자가 놓여 있었다. 작은 오솔길처럼 나 있는 기다란 정원의 중간에는 나무 벤치가 놓여 있고, 그 주변으로 다양한 크기의 화분이 옹기종기 모여 각기 다른 색상의 꽃을 품고 있었다.

루이스는 엄마처럼 꽃 이름을 하나하나 말해주었다. 수차례 반복되어 또렷이 각인된 엄마와의 산책길처럼… 엄마는 서울 사람인데도 꽃과 나무와 들풀의 이름을 모두 알고 있었다. 함께 산책할 때면 그녀는 늘 애정이 담긴 손길로 식물을 가리키며 하나하나 그 이름을 불러주었다. 그때의 나처럼 나는 또 '아, 그렇구나', '와, 예쁘다' 등의 적절한 추임새를 연발하면서도 꽃 이름을 기억하려 노력하지 않았다.

나의 방문으로 루이스의 하루가 얼마나 분주했을지는 그녀의 식탁에 고스란히 담겨 있었다. 식탁은 그녀가 직접 가꾼 꽃들로 아름답게 장식되어 있었고, 직접 길러 솜씨 좋게 만든 가든 샐러드와 연어 스테이크, 구운 채소, 페스토 파스타가 차례로 놓였다. 나는 그녀가 따라 준 와인잔을 들고, 엄마가 요리할 때마다 졸졸 따라다니며 재잘거리던 그 시절처럼 그녀의 메인 동선에 따라 대화하기 편한 자리로 이동하며 재잘거렸다. 식탁에 가득 채워지는 요리와 함께 따뜻한 기운이 내 마음을 가득 채웠다.

풀코스로 준비된 식사는 그녀가 직접 구웠다는 파이 위에 바닐라 아이스크림을 올린 디저트로 마무리되었다. '술을 줄여야 한다'라는 말을 5년 넘게 하고 있는 루이스는 말과는 다르게 와인 한 병을 추가로 오픈했다.

"지난달에 엄마를 보러 갔었어. 의사가 시간이 많이 남지 않았다고 하네. I went to see my mom last month. The doctor said she doesn't have much time…"

그녀는 내가 묵고 있는 1층의 게스트룸을 엄마가 지내시기 편하게 리모델링할 계획이라고 했다. 89세의 엄마는 TV 보는 게 낙이고, 볼륨을 너무 크게 틀어 놓기 때문에 자신은 집에 돌아오면 아무것도 할 수 없을 거라 말하며 와인을 들이켰다. 엄마를 모셔 오는 게 마음이 편할 것 같다고 반복해 말하면서도 이제 자신의 삶은 없을 거라고 탄식하는 그녀에게 무슨 말이라도 해 주고 싶었지만, 입이 무거워져 아무 말도 나오지 않았다.

2010년 나의 베스트 프렌드이자 인생의 멘토인 엄마는 내 곁을 떠났다. 내가 성인이 된 이후 엄마는 나에게 '훨훨 날아가라'라는 말을 하곤 했다. 엄마의 말에는 자신이 접었던 날개에 대한 아쉬움이, 자유로운 삶에 대한 갈망이 담겨 있는 것 같아 늘 마음 한편이 아렸다. '엄마 때는 다 그랬어'라고 아무렇지 않다는 듯 말하는 그녀를 보며, 나는 가정을 일구고 자식을 키우기 위해 자신의 꿈을 포기한, 지금의 나보다 훨씬 어렸을 엄마가 생각나 그 희생이 고맙고도 무거웠다.

엄마의 아낌없는 사랑과 지원으로 나는 노력하면 뭐든 할 수 있다는 자신감을 탑재한 채, '하고 싶은 일을 하고 사는 사람'이 되었다. 때로 삶은 녹록지 않고 사업은 뜻대로 되지 않을 때가 많지만, 쉽게 무너지지 않는 이유는 내가 엄마가 바라던 인생을, 엄마가 응원하는 인생을 살아가고 있기 때문이다. 나는 누구도 강요하지 않은 책임을 안고 살아간다.

뮤지컬 〈서편제〉의 넘버 '살다 보면'에는

'… 돌아가신 엄마 말하길, 그저 살다 보면 살아진다…'

라는 가사가 있다. 우리네 엄마들의 삶이 그랬을 것 같아 더 서글픈 노래. 20대에 결혼해서 아이를 낳고 그렇게 살다 보니 좋은 날도 슬픈 날도 있었지만 그렇게 살아지더라는 먹먹한 삶의 노래.

마흔이 훌쩍 넘어서도 부모가 되지 않은 우리는 밤늦도록 엄마들의 인생에 대해, 그들의 사랑과 희생으로 자란 우리의 인생에 대해, 그리고 우리가 얼마나 이기적인지에 관해 이야기하며 서로의 마음을 보듬었다.

그해 가을, 루이스는 리모델링을 마치고 엄마를 모셔 왔다. 엄마와의 마지막 동거는 1년을 채우지 못했고, 2018년 8월 3일 루이스는 장례식을 준비해야 했다. 루이스의 엄마는 요크셔의 아름다운 공원묘지에 그녀의 엄마와 할머니 곁에 묻혔다. 영국의 공원묘지는 산책길처럼 동네의 중심에 위치하는 경우가 많고 누구에게나 평등하게 주어지는 1평의 공간에 비석을 세울 수 있게 되어 있다.

장례식을 마친 후 2주의 시간이 흘러 루이스는 중반을 지나고 있는 축제에 방문했다. 나는 에든버러에 도착한 루이스를 데리고 조지 스트리트George St.에 있는 더 돔The Dome으로 향했다. 이 아름다운 레스토랑은 중세 시대 아테네 신전에 있을 법한 기둥 사이를 지나야 내부로 들어가는 정문이 나온다. 백합 향기 가득한 입구Foyer를 지나 메인 룸으로 들어가면 지붕 위의 돔Dome을 통해 들어오는 신성한 빛에 영혼이 정화되는 느낌을 받는다.

나는 몸도 마음도 지쳐있을 그녀의 기분을 환기시킬 수 있는 아름다운 저녁을 선물하고 싶었다. 십 년 넘게 루틴처럼 이어져 온 우리 일상의 대화를 이어가며, 나는 그녀가 함께하지 못한 축제 초반의 분위기는 어떻고, 선정한 공연들은 어떤 반응을 얻고 있으며, 올해 이슈가 되는 공연은 어떤 작품이고 등, 그녀 가족이나 장례식과 관련된 이야기와 가장 거리가 먼 주제만을 골라 이야기를 늘어놓았다. 하지만 그녀는 미세하게 고개만 끄덕일 뿐 말수가 줄어 있었고, 슬픈 눈은 자주 초점이 흐려졌다.

"어떻게 그럴 수 있어?! How can they do that?!"

와인 한 병을 비워갈 때쯤, 그녀가 입을 열었다. 평소 자주 언급하지 않던 자신의 언니와 오빠에 관한 이야기를 긴 한숨과 함께 힘겹게 꺼내 놓았다.

셋째인 루이스는 그동안 엄마의 병원비와 생활비, 장례식 비용 등을 혼자서 책임지고 있었다. 병원에도 찾아오지 않던 그녀의 언니는 장례식이 끝나기가 무섭게, 건조한 말투로 엄마 계좌에 남아있는 현금을 어떻게 나눌지 이야기하자며 동생들을 불러 모았다. 오빠는 여느 때와 다름없이 그저 방관자처럼 자신은 어떤 책임도 지지 않겠다는 듯 언니의 얘기에 묵묵히 고개를 끄덕이며 동조했고, 루이스는 그런 대화를 하는 자체가 어이가 없어 말문이 막혔다고 한다.

그녀의 슬픔이 가득한 얼굴에는 실망과 슬픔과 외로움이 섞인 복잡한 감정이 번갈아 묻어났다. '영화나 드라마에서 자주 등장하는 소재인 상속 다툼은 만국 공통인가' 하는 생각이 스치며 우울해지는 마음을 애써 표정에서 지우고, 현실에 맞닿아 있는 그녀의 이야기를 들었다. 이야기를 들어주는 것 이외에 할 수 있는 게 없었다.

어른이지만 어른이 아닌 우리는 충분히 애도 되지 못한 슬픔을 끌어안고 현실적인 문제에 직면한다. 서로의 마음을 보듬어

주어야 할 가족이 각자의 다른 이해관계로 서로에게 생채기를 남기며 영영 멀어질 수도 있는 잘못된 결정을 내린다. 나이가 들면서 가족관계는 더욱 복잡해진다. 함께 일상을 나누지 않는 가족에게 누군가의 상식이 모두의 상식이 아닌 날이 찾아온다. 떨어져 산 시간만큼 서로에 대한 이해는 좁아져만 간다.

시간이 지난다고 모두 어른이 되는 게 아니라는 진실을 마주하며, 나는 같이 욕을 할 수도 누군가를 두둔할 수도 없는 그녀의 어둡고 어두운 현실의 터널 안에서 그녀의 손을 잡고 그렇게 함께 서 있었다. 그리움이었는지 서러움이었는지 한참을 울던 루이스는 꼭 잡고 있던 내 손을 놓고 눈물을 닦았다. 그리곤 나의 눈을 보며 희미하게 웃어 보였다. 나는 다시 그녀의 손을 꼭 잡고 장난스러운 표정을 지어 보였다. 그녀는 깔깔거리며 웃었다.

'울다가 웃으면… 털 난다'라는 속담을 영어로 어떻게 설명해줄까 하는 쓸데없는 생각이 잠시 스치고, 엄마 잃은 딸들만 알 수 있는 감정을 공유하고 공감하며 우리는 서로의 마음을 보듬어 안았다.

시간과 함께 켜켜이 쌓여가는 감정들로 그렇게 우리는 상호의존적인 관계가 되어간다.

Festival People

엄마의 언어,
모국어

라우라 카메론 루이스
Laura Cameron-Lewis

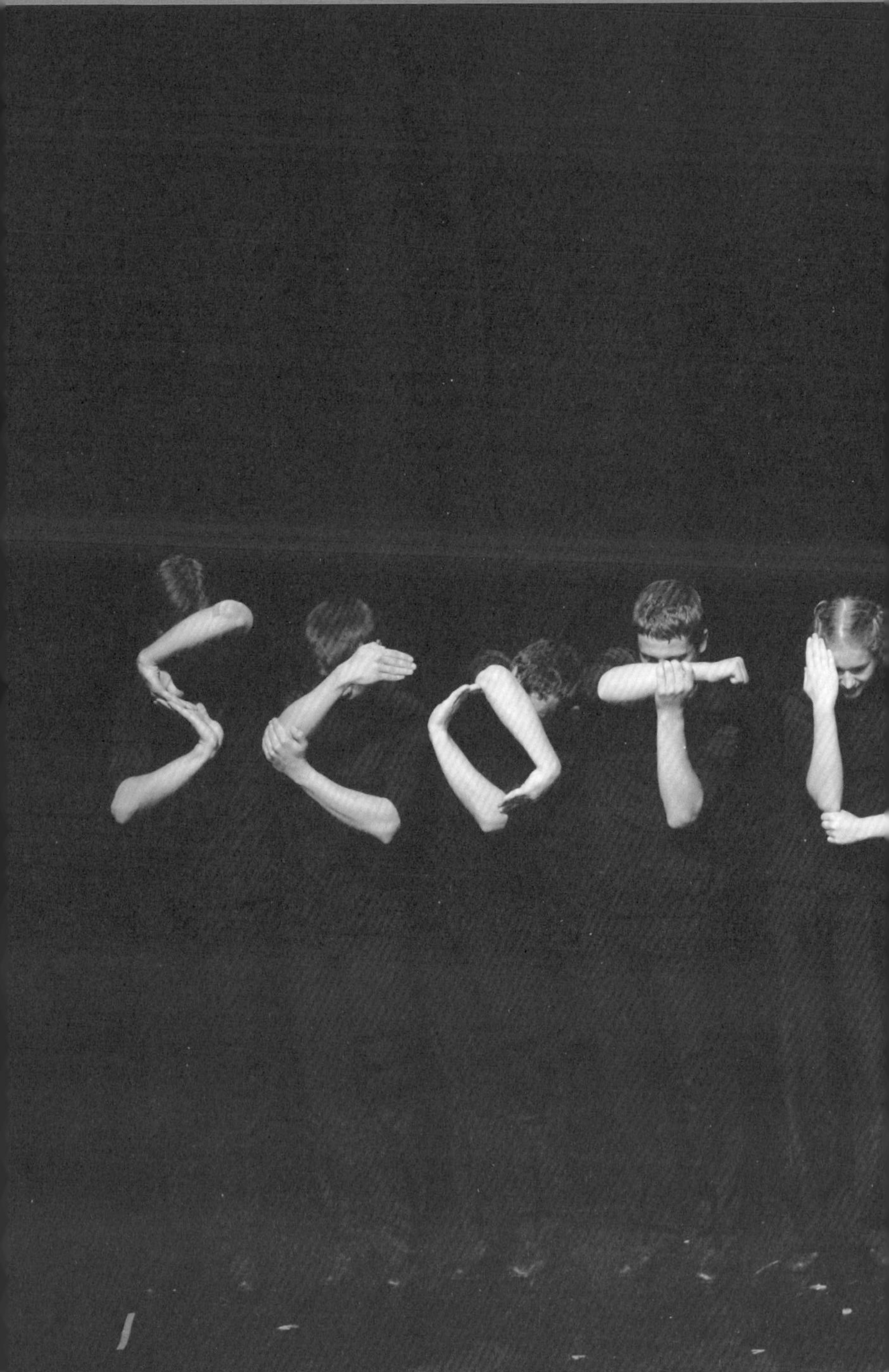

사랑하는 사람들의 관심사는

곧 나의 관심사가 된다.

나에게 의미 없이 스쳐 지나가던 일들이

눈에 들어온다.

그들이 관심을 보이는 이야기는

나의 호기심을 자극한다.

우리가 서로에게 보이는 관심은

관계에 깊이를 만들어 간다.

그렇게 삶은 풍요로워진다.

2011년 3월 나는 루이스와 통화하며 8월 어셈블리 홀에서 공연하기로 한 '코리안 드럼'의 홍보대행사를 추천해 달라고 말했다. 루이스는 확신에 찬 목소리로 라우라의 이름을 꺼냈다. 라우라는 배우이자 가수로 활동한 화려한 경력에 비해 에든버러 축제에서의 홍보 리퍼런스가 적었음에도 나는 그녀와 함께 일하기로 했다. 나에겐 라우라를 추천한 루이스에 대한 신뢰가 페이퍼에 적힌 화려한 리퍼런스보다 우선한다.

성공학의 대가로 한국에도 잘 알려진 스티븐 코비Stephen Covey 는 그의 저서 〈신뢰의 속도〉에서 '신뢰는 가장 비싼 자본으로 거래 속도를 빠르게 하고 거래 비용을 낮춘다'라고 저술하였다. 그는 5단계의 신뢰도 중 가장 높은 단계는 '말 한마디로 일이 진행되는 단계'라고 말했다. 꾸준히, 성실히, 묵묵히 같은 분야에서 일하며 쌓은 신뢰의 힘은 늘 값지게 작용한다. 폴과 함께 준비한 런던 축제가 그러했고, 윌리엄과 시작한 코리안 시즌이 그러하며, 닐스와 진행한 네덜란드 투어가 그러하다. 우리의 5단계 신뢰 시스템은 늘 말 한마디로 작동한다.

2011년 8월 에든버러. 루이스의 소개 이후, 봄부터 이메일과 전화 통화로 함께 일해 온 라우라를 만나러 스푼Spoon으로 향했다. 니콜슨 스트리트에 있는 스푼은 축제 거리인 로열 마일에서 걸어서 5분도 채 걸리지 않았다. 나는 건물에 도착해서야 이곳이 예전에 자주 방문하던 니콜슨 카페 자리에 새로 생긴 카페임을 인지했다.

2000년대 초반에는 조앤 롤링 동생의 남편이 운영하던 카페로 이미 유명세를 치르고 있던 이곳을 몇 번 방문한 적이 있었다. 하지만 그 이후로 10여 년 동안 유명 관광지가 된 이곳을 찾지 않게 되었다. 그렇게 시간이 훌쩍 지난 2009년, 인테리어와 메뉴를 바꾸고 스푼이 오픈했다. 축제 기간 매일 지나다니는 길의 건물 2층에 어떤 변화가 있었는지는 2년이 지나서야 알게 됐지만, 현지인들에게 사랑받는 카페답게 친구들이 만남의 장소로 자주 언급하던 곳이라 그 이름은 낯설지 않았다.

좁지만 감각적인 인테리어가 돋보이는 계단을 올라가자 넓은 공간이 펼쳐졌다. 커다란 창문들에서 쏟아져 들어오는 햇살로 카페는 마치 빛으로 가득한 영화 세트장을 연상시켰다. 막힘없이 펼쳐진 공간에 각기 다른 모양과 크기의 10여 개의 테이블이 놓여 있었다. 고급스러운 검붉은색 가죽 소파부터 따뜻한 질감의 각기 다른 원목 의자, 화려한 무늬의 스테인리스 의자, 포근해 보이는 패브릭 의자에 다양한 쿠션들까지 통일성을 찾아볼 순

없지만 그 다름이 잘 어우러져 편안함과 재미 두 가지를 모두 충족시켜 주는 매력적인 공간이었다.

테이블마다 올려놓은 화병에는 다양한 색깔의 이름 모를 꽃들이 무심하게 툭 꽂혀 있고, 크고 작은 화분들이 말 그대로 여기저기 놓여 있었다. 모든 것이 그렇게 무심한 듯 어우러져 멋스러운 공간을 연출해 냈다.

나는 입구에 우뚝 선 채로 고개를 좌우로 천천히 돌리며 라우라를 찾았다. 카페 중앙의 검붉은 가죽 소파에 앉아 여배우 포스를 풍기고 있는 그녀를 발견하는 건 어려운 일이 아니었다. 큰 눈과 오똑한 코, 매혹적인 붉은 입술을 담고 있는 작은 얼굴, 화려한 붉은 기가 도는 탄력 있는 긴 파마머리에 글래머러스한 그녀는 '화려하다'라는 표현이 정확히 어울리는 사람이었다. 라우라도 금세 나를 알아보고 자리에서 일어나 반갑게 다가왔다.

포멀하고 깔끔한 세미 정장 차림의 그녀는 오늘 자신의 역할이 배우가 아닌 한국 공연의 영국홍보대행사 대표로 나오는 자리임을 의식해서인지 언뜻 전문가 포스를 풍기려 노력한다는 인상을 풍겼다. 이메일과 유선상으로 3~4개월간 합을 맞춰 왔으나, 아시아 클라이언트와의 첫 대면이라는 미지의 상황이 그녀를 조금 긴장시킨 듯했다.

모든 일이 그렇지만 홍보는 사람이 중요하다. 사람이 사람과 관계를 맺고, 그 관계성이 일을 만들어 내는 경우가 허다하다. 그 당시에는, 아니 지금까지도 함께 일하는 현지의 홍보마케팅 회사 사람들에게 나는 그들의 첫 번째 한국인 혹은 동양인 파트너인 경우가 많다. 그녀는 그녀가 처음 함께 일하게 된 한국 회사 대표에 대해 아시아 영화나 드라마에서 접한 나름의 이미지를 떠올렸을지도 모르겠다.

우리는 수개월 만에 '드디어Finally!' 대면한다는 반가움을 꽤나 극적으로 표현하며 긴 포옹을 이어갔다. 자리에 앉자마자, 누가 먼저라 할 것도 없이 공통의 주제인 루이스의 근황 이야기를 꺼냈다. 일종의 유대감이 형성되자 그녀는 금세 마음을 열었고 특유의 화사하고 편안한 미소를 띠었다. 매혹적으로 입꼬리를 살짝 올리며 말하는 그녀의 버릇은 누군가를 매료시키려는 의도가 없음에도 사람들을 그녀의 입에 집중하게 하는 마법을 부렸고, 그린과 그레이, 브라운이 섞여 빛에 따라 변화무쌍한 그녀의 눈동자는 뛰어난 공감 능력을 보여주었다. 미세한 감정의 변화까지 모두 드러나는 그녀의 얼굴을 보고 있자니 무대 위 연기자로서의 그녀를 보고 싶다는 생각이 들었다.

축제는 이미 시작되었고, 전쟁 같은 축제의 첫 주 홍보 미팅에 미사여구와 사족은 불필요하다는 걸 우리는 너무나 잘 알고 있었다. 카푸치노와 블랙티를 틈틈이 홀짝이며 지금까지 진행한

홍보 상황을 확인하고, 첫 주에 반드시 진행해야 하는 각 공연별 포토콜 일정과 참여하는 언론사 및 기자를 꼼꼼히 체크해 나갔다. 그녀의 목소리와 언어에서 해야 하기에 하는 일이 아닌, 무엇을 어떻게 해야 하는지 정확히 알고 주도적으로 행하는 사람들 특유의 책임감과 추진력이 묻어 나왔다.

그녀는 나의 첫 번째 홍보 담당PR Person이 아니었다. 1999년부터 공연의 장르, 행사의 테마와 규모에 따라 몇몇 큰 홍보 대행사PR Agency와 몇 명의 프리랜서를 거쳐 오며, 나는 첫 미팅만으로도 어느 정도 성과를 낼 수 있는 사람인지 대략 유추할 수 있게 되었다. 이야기를 나눌수록 그녀에 대한 믿음이 깊어져 갔고, 나는 우리가 오래 사귈 좋은 친구가 되리라는 걸 쉬이 예견할 수 있었다.

그 해, 라우라는 축제 첫 주에 스콧츠맨The Scotsman, 리스트The List, 스테이지The Stage 등 축제 리뷰를 담당하는 메인 언론사의 리뷰어 관람을 10명 이상 확정하였고, 스콧츠맨 단독 인터뷰와 STV 인터뷰를 진행시켰다. 코리안 드럼은 스콧츠맨 1면과 페스티벌 페이지 1면을 장식하며 대극장인 어셈블리 홀의 메인 홀에서 27회의 공연을 성공적으로 상연하였고, 스테이지로부터 '최고 수준의 타악과 움직임과 색이 놀랍도록 장관을 이루는 작품'이라는 극찬을 끌어냈다.

축제가 끝나기도 전에, 나는 앞으로 에든버러에 선보일 한국 공연은 당연히 그녀가 홍보를 맡아야 한다고 얘기했고, 그녀는 입꼬리를 한껏 올리며 다가와 나를 안았다.

2013년 8월. 라우라의 집에서는 10월이 생일인 보Beau의 조금 많이 빠른 생일 축하 파티가 있었다. 나는 보의 생일선물인 한복을 구김 없이 가져가고 싶은 마음에 캐리어보다 커다란 박스를 들고 영국으로 향하는 비행기에 몸을 실었다.

우리가 처음 만난 2011년에 라우라는 앤드류와 결혼했다. 그 해 5월에 주고받은 이메일 하단에 '허니문 중에도 이메일을 확인하고 전화를 받을 수 있으니 언제든 연락하라'는 내용이 있었으나, 나는 얼굴도 모른 채 이메일과 통화로 업무적인 대화만 나누는 누군가의 허니문에 대해 당시 아무 감흥을 느끼지 못했던 것 같다. 그저 홍보 진행 상황이 적혀 있는 본문에 집중할 뿐, 이메일 하단의 내용은 의례적으로 작성하는 'Looking forward to… 회신을 기다리며…' 정도의 문장으로 받아들였다.

2012년 10월, 이름 그대로 세상에서 가장 아름다운 공주님 보가 태어났고, 출산과 육아로 라우라는 홍보 일을 잠시 멈췄다. 하지만 함께 몰입한 2년의 세월은 어느새 우리를 일 없이도 만나는 사이로 만들었다. 인지하지 못한 순간순간의 대화들로, 스콧츠맨 편집장으로 알고 있던 라우라의 남편 앤드류의 본캐가 싱어송라이터라는 사실과 2007년부터 라우라와 함께 밴드 활동을 했다는 과거, 그리고 언론사 편집장으로의 직함은 현실의 삶을 유지하기 위한 부캐라는 사실도 자연스럽게 알게 되었다.

앤드류와도 몇 차례의 만남으로 이미 편한 사이가 되었다고 생각했으나, 언론사 편집장으로 외부 카페에서 만났던 그와 라우라의 남편이자 보의 아빠로 그들의 보금자리에서 만난 그는 그 친근함의 온도가 달랐다. 앤드류와 나는 한 사람을 하나의 직업으로 규명할 수 없는 흥미진진한 세상에 살고 있다는 사실에 격하게 공감하며, 사랑하는 사람(라우라와 보)이 같다는 유대를 형성한 사람들 특유의 따뜻한 미소를 나누며 소소한 대화를 이어갔다. 그렇게 다시 한번 인지하게 되는 평범한 진리. 직업과 직함이라는 갑옷을 툭 벗어놓으면 우리는 모두 누군가의 가족이자, 그저 사랑을 나누며 살아가는 똑같은 인간이라는 사실.

우리는 특별한 날의 특별한 저녁 장소로 포토벨로Portobello 해변을 선택했다. 포토벨로 해변에는 바다를 향해 5~6개의 레스토랑&펍이 드문드문 늘어서 있었다. 도심으로 한 블록만 들어가면 바다 뷰는 아니지만 음식에 대한 리뷰가 좋은 십여 개의 식당이 즐비해 있지만, 우리는 황혼에 짙은 앰버빛으로 물드는 하늘과 바다를 바라보며 긴 저녁 시간을 보내려고 〈이스파이The Espy〉

의 해변 야외테이블에 자리를 잡았다.

이 레스토랑의 시그니처 메뉴는 '버거'로, '스테이크 비프 버거'로 시작되는 리스트가 메뉴판 한 면을 빼곡히 채우고 있었다. 영국의 펍&레스토랑에서 일반적으로 볼 수 있는 샐러드, 스테이크, 해산물, 어린이 메뉴, 디저트, 음료, 주류 등을 모두 갖춘 풍성한 구성에 더해, 어니언과 칠리잼, 레드페퍼와 고트치즈, 베이컨과 블루치즈, 해기스와 체다치즈, 모짜렐라와 아보카도 등 10여 개가 넘는 소스 조합이 매칭된 메뉴는 읽는 재미를 배가시켰다.

어떤 와인이 좋은지 의견을 묻는 라우라에게 한국식으로 '어머님이 좋아하시는 거 시키세요'라고 말한 후, 나는 메뉴를 주문하는 그녀를 잠시 응시했다. '화려한 여배우', '커리어우먼' 하면 떠오르는 이미지와 정확히 부합되었던 그녀의 얼굴은 이제 세상 모든 일을 이해할 것 같은 엄마의 온화한 표정을 띠고 있었다. 말하는 속도조차 느려진 그녀의 편안한 변화에 나는 따뜻한 응원의 눈빛을 발사하며 와인잔을 채웠다.

어느새 어둠이 내려 검게 출렁이는 바다를 바라보며 발그레해진 볼의 라우라가 작은 속삭임 같은 노래를 부르기 시작했다.

"Sorrow, Sorrow··· My heart is broken. My tear. Thank him. Birth. Sunshine on me."

즉흥적인 단어들로 채워지는 듯한 그녀의 노래 가사에 따라 그녀의 눈은 풍부한 감정으로 깊어졌고 자주 촉촉해졌다. 파도 소리와 함께 듣는 반복되는 멜로디에 나는 가사도 모르는 후렴구를 함께 흥얼거렸다.

2015년 8월. 나는 라우라+2를 만나러 하이 스트리트High St.에 위치한 스코티쉬 스토리텔링 센터Scottish Storytelling Centre로 향했다. 우리의 만남에는 순차적인 변화가 있었다. 어느새 4살이 된 보와 유모차에 타고 있는 벌디Bertie까지 우리의 모임은 둘에서 셋으로, 셋에서 넷으로 마법처럼 행복한 변화를 겪고 있었다.

보와 벌디가 아니었다면, 나에게 최애 공간 중 하나가 된 스토리텔링 센터를 알 기회가 없었을지도 모른다. 우리의 생활 반경은 이렇게 우리가 만나는 사람들을 통해 확장된다.

2007년 문을 연 스코티쉬 스토리텔링센터는 그 자체로 역사가 깊지는 않지만, "A home for Scotland's Story'라는 슬로건에 걸맞게 보물섬과 지킬 앤 하이드로 유명한 로버트 루이스 스티븐슨, 주인의 무덤을 지킨 충직한 개 그레이플라이어스 바비Grey-friars Bobby, 잠자리 요정 위 윌리 윙키Wee Willie Winkie, 상상의 괴물 그루팔로the Gruffalo와 인버네스의 네스호에 산다는 공룡을 닮은 네시Nessie 등 길고 긴 스코틀랜드의 역사 속 주인공을 만날 수 있는 곳이다. 아이들과 방문하기 좋은 센터의 카페에는 엄마의 마음으로 직접 베이킹한 홈 메이드 크로와상과 스콘, 다양한 번Bun과 따뜻한 수프가 있어 간단한 요기를 할 수도 있다.

우리는 카푸치노와 블랙티, 파이를 주문하고 틈틈이 아이들을 살피며 이야기를 이어갔다. 여전히 축제에서 새로 발견한 보물 같은 작품을 서로 추천하며 흥분하는 우리지만, 이즈음의 대화는 어떤 주제로 시작하든 결국 놀라운 에피소드로 가득한 아이들 이야기로 돌아와 있었다. 라우라는 그녀의 아이들이 자연에서 자라길 바랐다. 그녀의 가족은 새로운 보금자리로 스카이섬Isle of Skye에 있는 위그Uig의 오래된 호텔(호텔이라고 했을 때 떠오르는 이미지와는 다른 긴 단층 건물)을 집이자 동네 커뮤니티센터로 꾸밀 용감한 계획을 세우고 있었다. 라우라는 특정 단어를 말할 때 스코티쉬 게일어Scottish Gaelic를 사용했다. 그녀가 말한 Isle of Skye의 Uig도 그녀의 발음을 들었을 때 스펠링을 떠올릴 수 없었고, 이후에 스펠링을 눈으로 확인했을 때는 어떻게 발음해야 할지 몰라 당황했다.

스코틀랜드 게일어는 2005년이 되어서야 공식 언어 중 하나로 인정받았다고 한다. 스코틀랜드와 잉글랜드는 민족적 언어적 종교적 배경이 다르다. 스코틀랜드는 켈트족(게일족, 스코트족)이 주류이고 잉글랜드는 앵글로색슨족이 주류이며, 외교와 국방,

통화를 제외한 대부분의 분야를 자체적으로 운영하고 있다.

영국 전체 인구수 6,750만 명 중 스코틀랜드 인구는 550만 명 정도로 비교적 적지만, 면적은 영국 본토의 3분의 1에 달한다. 영국에게는 스코틀랜드가 '영국이 산유국'이라는 지위를 유지하는 데 없어서는 안 될 지역이지만, 스코틀랜드에게 이 석유와 가스전은 분리 독립에 대한 자신감을 갖게 하는 요인이 되는 듯하다.

엘리자베스 2세 여왕의 장례식에는 그녀가 생전에 요청한 대로 백파이프 연주가 울려 퍼졌다. 백파이프는 스코틀랜드의 전통악기이다. 많은 언론에서는 이를 두고 여왕이 영국 연합국에서 분리 독립하려는 스코틀랜드에 '연합국에 남아 달라'는 메시지를 남긴 것이라 해석하고 있다. 그녀의 스코틀랜드에 대한 애정은 각별했다. 그녀는 여름휴가 기간에 스코틀랜드의 수도 에든버러에 있는 홀리루드궁이나 근교의 밸모럴성에 머물렀고, 생을 마감한 곳 역시 밸모럴성이다.

여왕의 염원에도 불구하고 스코틀랜드는 다시 분리 독립 움직임을 보인다. 스코틀랜드 자치정부는 2023년 10월 분리 독립 주민투표를 진행하고자 준비 중이며, 독립이 결정되면 EU에 복귀하겠다고 말하고 있다.

라우라가 꾸준히 포스팅을 올리는 페이스북에는 사랑스러운 삼 남매(2018년 셋째 아들 Seora가 태어났다.)의 성장기 외에 스코틀랜

드 문화와 전통을 이어가려는 그녀의 노력이 모여 있다. 그녀를 쏙 빼닮아 천사 같은 3명의 아이들은 태어난 모습 그대로를 존중하는 엄마·아빠 덕분에 정형화된 틀에서 벗어나 대자연에서 아름답고, 평화롭고, 개성 강한 모습으로 자라고 있으며, 위그의 작은 호텔은 그들의 집이자 지역 커뮤니티의 장으로 성장하고 있다.

2022년 라우라는 위그에서 스토리텔링 페스티벌을 시작했다. 그녀가 포스팅한 페스티벌 포스터에는 '모든 프로그램은 게일어와 영어를 동일하게 사용하며 게일어 연극의 경우 영어 자막을 사용한다'라고 표시되어 있다. 그녀는 자신의 아이들이, 위그의 아이들이, 스코틀랜드의 아이들이 게일어가 모국어임을 인지하고 2개의 언어를 자연스럽게 받아들이고 습득하기를 바라며, 강요하지 않는 참여 방식으로 스코틀랜드 언어와 문화예술을 알리고 지켜 나가려 노력한다. 라우라가 강요가 아닌 그녀만의 방식으로 지켜 나가려는 엄마의 언어. 모국어. 그녀는 자라나는 아이들을 보며 개인의 커리어보다 더 큰 사명감을 느낀 게 아닐까.

인간의 모든 생각과 행동은 언어의 지배를 받는다. 언어는 자신의 생각과 감정을 다른 사람에게 표현하고 서로 소통하는 매개라는 단편적인 사실을 뛰어넘어, 한 사람의 일생을 이야기하고 인류의 문화와 지식을 기록한다. 언어에 녹아 있는 수많은 문화현상을 우리는 언어가 아닌 형태로 표현하거나 기록할 수 있을까?

데이비드 크리스털의 저서 〈A Little Book of LANGUAGE〉의 한국 제목은 〈언어의 역사〉이다. 'A little book'이라는 단어에서 느껴지는 친밀함은 '역사'라는 거대한 단어로 대체되며 원제의 매력을 잃었다. 출판사는 독자들에게 말과 글에 대해 설명하며 호기심을 불러일으키는 이야기를 가득 담은 이 책에 걸맞은 한국어 제목을 찾아주기 위해 많은 고민을 했을 것이다. 책의 아이덴티티를 담으며 저자가 독자에게 전하고자 하는 메시지를 담아내는 정확한 한국어 제목을 찾기란 어려웠으리라 짐작된다.

번역은 어렵다. 페스티벌 친구들에게 각 해당 글을 보내주기 위해 영어 번역을 진행하면서, 나는 다시 한번 한글의 위대함을 느꼈다. 한 단어를 다른 언어의 한 단어로 동일하게 치환할 수 없음에 답답함을 느끼다가도, 우리 고유 언어의 낱낱의 단어에 담긴 역사와 문화와 감정을 발견하며 놀라움을 만끽하는 시간이었다.

〈A Little Book of LANGUAGE〉에는 '현존하는 6,000여 개의 언어 중 대부분은 소수 언어이며, 100년 이내에 전 세계 언어의 절반이 사라질 것이다'라는 전망이 나온다. 사라져 가는 언어에 대한 얘기를 접하면 생각이 많아진다. 언어가 지닌 다양성은 모두 나름의 가치를 지니고 있으며 획일화될 수 없음을 강조하는 작가의 글을 접하며, 2020년 축제 글을 쓰기로 마음먹은 나의 초심이 떠오른다.

'차별과 혐오의 낙인 없는 세상을 위해 우리에겐 서로의 다름을 다양성으로 이해하고 받아들이고 존중할 시간이 필요하다. 우리에겐 축제가 필요하다.'

언어가, 문화가, 예술이, 축제가, 우리의 소중한 유산들이 모두 한목소리로 다름의 가치를, 다양성의 가치를 이야기하고 있다는 사실이 반갑다. 알지 못하는 언어학자와 끈끈한 동지애를 느낀다.

라우라의 기획 안에는 그녀의 강한 의지가 강압적이지 않은 모습으로 담겨 있다. '사람이 모이면 말이 모이고 말이 모이면 뜻이 모인다'는 영화 〈말모이〉의 명대사처럼 그녀가 기획하는 페스티벌에 사람이 모이고 말이 모이고 그녀의 고귀한 뜻이 많은 이의 뜻이 되어 (2005년까지 공식 언어가 아니었다는 사실이 더 충격적인) 스코틀랜드 게일어가 스코틀랜드의 문화를 담고, 그 쓰임이 후세에 전해져 그렇게 세상을 다름으로 풍요롭게 유지할 수 있기를 그녀의 속삭이는 노래처럼 작은 목소리로 기도한다.

조선말 큰사전(1949년 우리말 큰사전으로 이름이 바뀌었다)의 머리말을 그대로 옮겨 적는다.

"말은 사람의 특징이요, 겨레의 보람이요, 문화의 표상이다. 조선말은 우리 겨레가 반만년 역사적 생활에서 문화 활동의 말미암던 길이요, 연장이요, 또 그 결과이다.

그 낱낱의 말은, 다 우리의 무수한 조상들이 잇고 이어 보태고 다듬어서 우리에게 물려준 거룩한 보배이다. 그러므로, 우리말은 곧 우리 겨레가 가진 정신적 및 물질적 재산의 총목록이라 할 수 있으니, 우리는 이 말을 떠나서는, 하루 한때라도 살 수 없는 것이다."

이 얼마나 근사한가. 요즘 말로 가슴이 웅장해진다.

Girl's best gay friend

닐스 감

Niels Gamm

우리가 인생을 이야기하는 방식은
너무도 다양하다.
누군가에겐 박경리의 대하소설일 수도 있고,
누군가에겐 에세이, 짧은 시상의
모음일 수도 있겠다.

나의 이야기는 시트콤이면 좋겠다.
가슴이 기억하는 이야기들을 가득 채워,
잊고 싶지 않은 사람들과 그들과의 에피소드를
가슴에 차곡차곡 담는다.

클럽바Club bar의 문은 비밀의 문이다. 어셈블리의 스텝이나 이미 여러 번 방문한 공연자가 아니라면 밖에서 들어오는 문을 찾는 건 쉽지 않다. '클럽바'라고 쓰인 간판도 없으며 클럽바를 아는 우리만 이 공간을 클럽바라고 부르기 때문이다.

어셈블리에서 공연하는 사람은 누구나 자신의 사진이 들어간 '아티스트 패스Artist Pass'를 받게 된다. 패스는 자신이 공연하는 공연장에 들어가기 위한 출입증의 기능 이외에도 어셈블리 공연장 22곳에서 공연하는 200여 개의 공연을 무료로 관람할 수 있는 특권을 준다. 또한 어셈블리 카페, 레스토랑, 주변의 푸드트럭 등에서 할인을 받을 수 있으며, 이곳 클럽바도 패스가 있어야 입장이 가능하다.

'문'과 '벽'의 경계가 모호한 이곳의 출입구는 외부에 있는 퍼블릭 바Public bar의 카운터 왼쪽에 있다. 사람들은 벽처럼 보이는 이곳에 어딘가로 들어가는 문이 있으리라고 생각하지 못하는 것 같다. 손잡이가 없는 문을 밀고 들어가면 3미터 정도의 밀폐된 공간이 나온다. 맞은편에는 또 하나의 손잡이 없는 문이 있다. 문을 열면 예상하지 못한 규모의 넓은 카페가 한눈에 들어온다. 화려한 붉은색을 기본으로 한 인테리어와 높은 지붕에 매달려 있는 5개의 아름다운 샹들리에, 그 주위를 감싸듯 검붉은 실크가 자연스럽게 드리워져 있다.

출입구 옆에 길게 펼쳐진 바 공간을 제외한 3면은 거울과 스테인드글라스로 고급스럽게 감쌌고, 낮은 나무 칸막이로 구분 지어 놓은 테이블과 의자 사이에는 키가 큰 나무를 배치해 안정 감 있는 초록의 색감을 더했다. 투명 유리로 마감해 놓아 날씨를 확인할 수 있는 지붕은 비가 자주 오는 에든버러에서 꽤 유용하며, 빗소리를 들으며 기울이는 술잔에 운치를 더한다.

2017년 8월 둘째 주 토요일 저녁, 나는 여느 때와 같이 코리안 시즌을 함께 운영하는 릭과 데니스와 하루의 일정을 정리하며 클럽바에서 가볍게 술잔을 기울이고 있었다. 릭은 언젠가부터 푹 빠져 있는 발베니The Balvenie 싱글몰트 위스키 잔을, 데니스는 스텔라 맥주Stella Artois 파인트 잔을, 나는 프로세코Prosecco 잔을 들고 건배했다. 서로의 주류 노선이 확실한 우리지만 공연만큼은 시간을 맞춰 함께 보려 노력했다. 우리는 프로그램 북을 펼치고 저녁에 보기로 한 블레스크 공연의 공연장과 시간을 다시 한번 확인했다.

잠시 후, 클럽바의 문이 열리고 윌리엄이 들어왔다. 그는 마치 내가 이 시간에 여기 있다는 걸 알고 있었다는 듯이 성큼성큼 나에게 다가왔다. 입을 열기도 전에 그의 입가에는 만족스러운 미소가 걸려있었다. 나에게 할 말을 미리 정해 놓았을 테고, 그 말이 스스로 맘에 들었던 모양이다.

"네 남자친구가 왔어. Your boyfriend is here."

클럽바의 문이 활짝 열리고, 키가 큰 4명의 남자가 들어왔다. 매년 그러하듯이, 우리는 이산가족 상봉이라도 하는 것처럼 서로의 이름을 큰 소리로 부르며 다가갔고, 닐스Niels는 한 팔로 나를 번쩍 들어 올렸다. 일 년에 한 번 에든버러에서 '생존 확인'을 하는 친구 중에서도 내가 가장 사랑하는 이 독일 친구를 나는 '나의 테디베어My Teddybear'라 불렀고, 우리는 다른 친구들처럼 얌전히 비쥬만 하는 법이 없었다.

서로 힙하고 핫한 20대에 만나 일과 일상을 공유한 친구. 난타의 초창기 유럽초청공연을 진행한 L사에서 일하던 그와는 긴 투어를 함께 하며 친구가 되었고, 그가 세계에서 가장 큰 아트 매니지먼트사의 부사장으로 스카우트되었을 때도 함께 축배를 들었으며, 최근 자신의 회사를 차린 그의 새 출발을 마음 깊이 응원하고 있었다.

닐스는 한참을 들고 있던 나를 내려놓고 함께 온 친구들을 소개했다. 그와 함께 오는 친구들은 독일 회사의 동료들이거나 네덜란드 공연장 관계자일 때가 많았다. 이름만 소개하는 첫 만남에서 정확한 직업을 알기는 어렵다. 우리는 자연스럽게 이어지는 대화 속에서 서로의 직업이나 역할들을 캐치해 나갔다. 축제에서 만나는 우리는 '내 친구의 친구＝내 친구'라는 간단한 룰로 단시간에 친해졌다.

그러나 이날은 이상한 분위기가 감돌았다. 닐스가 소개한 짧은 머리의 독일 친구는 목소리가 기억나지 않을 정도로 과묵했다. 짧은 머리에 말끔하게 면도한 얼굴과 단정한 옷차림. 언뜻 지나치게 정돈된 모습은 공연계에서 일하는 사람이라기보다 군인 장교 같은 느낌을 주었다. 그는 닐스의 옆에 앉아 그의 움직임을 하나하나 살폈고, 닐스와 내가 인사를 나눈 뒤부터 왠지 나를 경계한다는 느낌을 받게 했다.

닐스의 태도도 조금 어색했다. 다른 친구들과 함께 있어도 내 옆자리에 앉아 자주 장난을 치던 그가 오늘은 거리를 두고 앉아서 지나치게 예의를 갖춰 대화를 이어갔다. 30분 남짓 시간이 지나고 우리는 공연 시간이 다 되어간다는 이유를 대며 자리에서 일어났다. 닐스에게 일정을 물어보니, 그의 일행도 우리가 보려는 블레스크 공연을 볼 계획이라고 했다.

우리는 함께 조지 스퀘어가든에 있는 스피글 텐트로 향했다. 프린지 공연의 객석은 지정석이 아닌 경우가 많다. 오는 순서대로 줄을 서고, 줄을 선 순서대로 입장하여 원하는 자리에 앉는다.

사람들에 밀려 자리에 앉고 보니, 내 옆에 독일 친구가 앉아 있었다. 그 옆으로 닐스와 네덜란드 친구들이 앉고, 뒷줄에 릭과 데니스가 앉았다.

베스트 오브 블레스크Best of Burlesque는 진지한 공연이 아니다. 제목 그대로 그 해의 블레스크 공연 중 하이라이트를 모아서 보여주는 엔터테인먼트 공연이다. 같이 온 친구들과 낄낄거리며 술잔을 마주하고, 진행자의 입담에 큰 소리로 반응하며 왁자지껄 재밌는 시간을 보내는 게 이 공연을 보는 목적이다.

공연 시간 내내 독일 친구는 웃지 않았고, 나도 함께 맞장구치며 즐길 친구가 옆에 없어 얌전히 공연을 볼 수밖에 없었다. 잠깐씩 고개를 돌려 닐스와 눈이 마주칠 때면 곧바로 독일 친구의 따가운 시선이 느껴졌다. 나는 애매한 미소를 건네며 시선을 돌렸고, 그렇게 한 시간이 지루하게 흘러갔다.

공연이 끝나고 굿 나이트 인사를 나누는 동안, 닐스가 다가와 귓속말하듯 조그맣게 말했다.

"내 남편 때문에 불편했지…"

진작 귀띔이라도 해줬으면 좋았을 텐데… 첫 단추를 잘못 끼운 것처럼 불편한 기분이 떠나질 않았다.

닐스는 그해 봄에 결혼식을 올렸다. 7년째 함께 살고 있는 파트너와의 결혼이었다. 성대한 결혼식을 하지는 않을 거라고, 멀리 있는 친구들은 부르지 않을 거라고 말했던 그는 가족들과 함께 스몰 웨딩을 진행했고, 몇 달 후 결혼사진을 보내왔다. 사진에는 멋진 턱시도 차림의 남자 둘이 서로를 마주 보며 손을 맞잡고 서 있었다.

'남편과 남편 Husband and Husband'

독일은 동성 간의 결혼이 합법이다. 놀라운 건, '가장 먼저 합법화된 나라 중 하나겠지…'라는 나의 생각과 달리 2017년에야 힘겹게 법이 통과되었다는 사실이다. 물론 그전부터 '생활 파트너십'이라는 제도가 있어 아이를 입양할 수 없다는 점 이외에는 부부가 갖는 법적 권리를 누릴 수 있었다고 하지만, 이웃 나라 네덜란드보다 17년이나 늦게 합법화되었다.

닐스는 내 인생의 첫 번째 게이 친구다. 2000년대 초반, 난타의 첫 유럽투어를 진행하는 동안 20대의 닐스와 나는 거의 매일 카페 창가에 나란히 앉아 커피를 마셨다. 여고 시절로 돌아간 것처럼, 우리는 지나가는 사람들을 보며 패션에 대해 악의 없는 평가를 하며 시간 가는 줄 모르고 수다를 떨었다. '난 저런 헤어스타일의 남자가 좋더라', '난 옷을 저렇게 입는 사람은 별로더라' 등 서로의 스타일과 성격을 알아가며, 우리는 말이 가장 잘 통하는 친구가 되었다.

'왜 게이가 여자들의 베스트 프렌드일까? Why Gay guys are a girl's

best friend'라는 일러스트 가득한 책을 영국의 한 서점에서 본 적이 있다. 나는 그가 게이라서 '더' 좋은 친구라고 생각하지는 않는다. 그저 우리는 함께하는 모든 시간이 행복하고, 나누는 모든 대화가 즐겁고, 단 한 번도 싸운 적이 없을 정도로 서로를 잘 이해하는 친구이다.

2019년 가을, 코리안 시즌 5주년을 기념하여 서울에서 5주간의 축제 '베스트 오브 페스트'를 진행했다. '스톤월 항쟁Stonewall riots' 50주년을 기념하여 제작된 '13후르츠 케이크'를 특별공연으로 올리며, 나는 한국에서 성소수자로 살아가는 사람들을, 다름으로 차별받는 사람들을 만날 수 있었다. 그 해 우리는 어느 해보다 많은 무지개를 보았다.

스톤월 항쟁이란, 불의에 본능적으로 항거한 소수의 사람이 역사를 바꾸는 거대한 운동의 첫걸음이 되었던 상징적인 시위를 말한다. 1960년대의 미국은 대부분의 지역에서 동성애를 불법으로 규정하고 있었다. 1969년 6월 28일, 뉴욕 경찰은 그리니치 빌리지에 있는 술집 '스톤월 인Stonewall Inn'을 단속하며 손님들을 난폭하게 수색했다. 신분증을 요구하며, 동성애자라고 의심이 되면 화장실로 끌고 가 몸수색을 했고, 동성애자로 드러나면 바로 체포했다.

이날, 마샤와 실비아는 이러한 경찰의 요구에 저항했고, 점차 많은 사람이 한 목소리를 내며 이들을 도왔다. '스톤월 인' 주변으로 점점 더 많은 사람이 모여들었고, 경찰은 시위대를 통제하려 지원을 요청했다. 이들의 대치는 4일 밤낮으로 이어졌다고 한다.

1970년 6월 28일, 시카고와 로스앤젤레스, 뉴욕에서 스톤월 항쟁을 기념하는 첫 '게이 퍼레이드'가 진행되었고, 50주년을 기념하는 2019년 세계 곳곳은 무지갯빛 퍼레이드와 축제를 이어 갔다.

성소수자의 상징인 '레인보우 플래그(무지개 깃발)'는 1978년 인권운동가인 길버트 베이커Gilbert Baker에 의해 만들어졌다. 8가지 색이었던 초창기의 무지개는 'Life(빨), Healing(주), Sunlight(노), Nature(초), Art(파), Harmony(남), Spirit(보), Sexuality(분홍)'를 의미한다. 지금은 이 중, 남색과 분홍색을 제외한 6색의 줄무늬를 깃발에 사용하고 있다.

길버트는 식민지 지위에서 독립해 나온 13개 주를 상징하는 성조기의 줄무늬와, 자유·평등·우애의 기치를 내세운 프랑스혁명을 상징하는 삼색기의 줄무늬로부터 형태적인 아이디어를 얻었다고 한다. 그의 플래그는 다양한 이들이 평등하고 평화롭게 공존하는 새로운 세상에 대한 희망을 담은 상징이다. 차별과 혐오라는 낙인의 역사를 지닌 핑크색 역삼각형을 뒤로 하고, 새로 채택한 '레인보우 플래그'는 그렇게 새로운 희망의 얼굴이 되었다.

레인보우 플래그는 퀴어들의 정체성과 자긍심을 상징하는 '프라이드 플래그'로 불리지만, 동시에 LGBTQ(LGBTQ = 레즈비언Lesbian, 게이Gay, 바이섹슈얼Bisexual, 트렌스젠더Transgender, 퀴어Queer) 커뮤니티와 연대하는 이성애자 앨라이들에게도 '다양한 성 정체성 간의 평화와 평등, 조화와 공존'이라는 가치를 전하며 함께 흔드는 깃발이 되었다.

어릴 적 만화에 나오는 '2020년'이라는 숫자는 미래 세계를 의미했다. 외계 생물체가 함께 살아도 이상하지 않을 것 같았던 그 미래의 시간에는 다름, 다양성과 같은 단어는 더 이상 필요가 없을 것만 같았다. 그러나, 10대의 내가 상상한 40년이 지난 미래인 현재에는 아직도 비밀의 문 너머에서 자유를 갈망하는 사람들이 존재한다.

길버트는 다름을 넘어 서로를 이해하고 연대하는 것은 인류 문명의 오랜 목표라고, 그런 세상을 만들기 위해 자기 자신의 편협함을 극복하고 세상의 편견과 맞서야 한다고 말하며 '레인보우 플래그Rainbow Flag'를 만들었다고 한다.

축제가 존재하는 이유도 이와 같지 않을까? 다름에 대한 공감과 이해, 평등하고 평화로운 세상에 대한 희망, 차별과 혐오의 낙인 없이 비밀이 더 이상 비밀이 아니어도 되는 세상을 만들기 위해 우리의 축제는 계속되어야 한다.

토요일 저녁 클럽바에서의 만남은 기분 좋은 우연이었고, 우리는 축제 전 약속한 대로, 월요일 브런치를 먹으러 스푼으로 향했다. 코리안 시즌을 진행하는 나와 공연팀은 대부분 한 달간의 일정으로 에든버러에 머물지만, 공연을 섭외하러 오는 프로모터들은 매년 방문 일정이 다르다.

닐스는 길어야 일주일에서 열흘 정도 축제에 머물렀다. 그의 하루는 브런치 미팅 또는 오전 11시 공연으로 시작되었고, 공연장의 거리를 꼼꼼히 계산하고 세운 공연 관람 일정은 30분 단위로 밤늦게까지 이어졌다. 우리는 가능하면 축제 시작 전에 서로의 방문 일정을 공유하고 브런치 약속을 먼저 잡았다.

스푼은 월요일 오전 11시에도 사람들로 북적였다. 닐스는 아침Breakfast과 점심lunch을 구분하는 걸 좋아했다. 사실 말장난일 뿐이지만, 'I need Breakfast'라는 그의 말은 '아침 식사'가 아니라 '에스프레소'를 뜻한다. 닐스는 메뉴를 보기도 전에 에스프레소와 카푸치노를 먼저 주문했다. 나는 보고 있던 메뉴판을 한쪽으로 밀어 놓으며, "이따가 '점심' 주문할 때, 프렌치토스트 시켜줘."라고 말했다.

커피가 나오자, 닐스는 에스프레소를 원샷하고 바로 '점심'을 주문했다. 메뉴의 맨 위에 있는 '빅 브렉퍼스트'를 주문하면서 '오늘은 저녁 먹을 시간도 없을 것 같아'라며 하지 않아도 될 변명을 덧붙였다.

프로모터로 일하기 전까지 닐스는 자기 관리가 철저한 무용수였다. 정확히 기억나지 않는 수년 전 어느 순간부터 그는 자신의 배 위에 두 손을 걸칠 수 있게 되었고, 그 자세가 점점 편해 보이던 순간부터 나는 그를 '테디베어'라 불렀다. 내가 걱정스러운 눈으로 매년 커지는 그의 배를 바라보면, 그는 '여기에는 맥주가 들어있어'라고 말하며 멋쩍게 웃었다.

식사를 기다리며, 우리는 서로의 건강에 대해 묻기 시작했다. 태어나서 처음으로 내시경을 했다는 얘기, 이제부터 식단 조절을 해야 한다는 얘기, 작은 접촉 사고가 있었지만 괜찮다는 얘기 등. 이야기는 자연스럽게 가족에 대한 안부로 흘러갔고, 닐스는 결혼식에 왔던 조카들 사진을 보여주었다.

"벌써 이렇게 컸어? OMG, They're so big now."

나는 연신 감격과 감탄의 추임새를 늘어놓으며 핸드폰의 사진들을 넘겨보았다.

"축복이야. It was a blessing."

그는 슬며시 결혼 이야기를 꺼냈다.

"사랑하는 사람이 사고를 당했는데 병원에서 함께 있을 수 없다고 생각해 봐. 끔찍하지? 서로의 보호자가 될 수 없다는 건 상상도 하고 싶지 않아. 그래서 결혼하기로 결심했어… 지금이라도 법이 바뀌어서 다행이야. 이제는 입양도 할 수 있게 됐으니… 우리는 나이가 많아서 안 된대…"

말을 흐리는 법이 없는 닐스가 말꼬리를 흐렸다. 아쉬움이 묻어 있었다.

"그날 많이 놀랐지?"

"아~. 윌리엄 때문이야. 너를 내 남자친구라고 얘기하는 바람에 다들 오해했나 보다. 근데 누가 봐도 우리가 사랑하는 사이는 맞지. 변명하느라 힘들었어?"

나는 '닐스, 나는 신경 쓰지 않아도 돼'라는 메시지를 전하기 위해 최대한 장난스럽게 말을 이어갔다.

"오해한 건 아니었고, 그냥 자기보다 두 배는 더 오래 알고 지낸 친구들과의 모습을 보고 약간의 질투와 소외감을 느낀 것 같아."

닐스는 복잡한 감정이 섞인 미소를 지으며 얘기를 이어갔다.

"매년 여름휴가 때마다 내가 축제에 와 있는 것도 미안하고, 에든버러도 궁금해하기에 같이 왔는데… 서로의 다른 점만 확인하게 되네. 토요일에 딱 하루 같이 다니고는 다음 날부터 호텔에 있거나 혼자 관광을 하고 있어. 공연 보는 걸 그리 즐기지 않는 편이라…"

죄책감이 묻은 그의 표정을 보고도 '아니야, 네 남편은 표현을 안 해서 그렇지, 너랑 함께 온 여행이 행복할 거야…'라는 입 바른 말을 해 줄 수 없었다. 닐스의 성격에 남편이 함께 왔다고 해서 일을 줄이지는 않았을 것 같았다. 하루에 5~7개의 공연을 보고, 사이사이 미팅을 하는 그의 빡빡한 일정을 함께 하는 건 누군가에겐 곤혹스러운 일일 수도 있다. 특히 '휴가'라 생각하고 왔다면 더욱 그럴 것이다.

닐스의 남편은 안정적인 직장에 다니는 사람이었다. 출근과 퇴근, 주중과 주말, 휴가가 명확한 그에게 닐스의 잦은 해외 출장과 주중과 주말의 경계 없는 공연 스케줄은 쉽게 이해되지 않았을 것이다.

"그래도 지금까지 일 때문에 싸운 적은 없어. 워낙 배려를 해 주는 사람이라… 근데 지쳐가는 게 눈에 보여. 집에서 기다려 주는 사람을 위해서라도 출장을 좀 줄여야 할 것 같아."

그가 말했고,

"나도 같은 생각이야. 꼭 가야 하는 출장이라도 체류 일정을 줄여보려 노력하고 있어."

나는 동의했다.

우리는 서로의 눈을 바라보며 세월의 흐름을 느꼈다. 우리 대화의 핵심 주제가 결혼이라니…

삶의 시간은 우리에게 각각의 시간에 따른 주제를 던진다. 두 살 차이인 우리는 서로의 리즈 시절인 20대를 기억하며, 일에 대한 고민으로 흔들리던 30대를 지탱해 주었고, 사랑하는 사람을 잃는 아픔으로 성숙해 가는 40대를 응원하고 있다. 우리는 서로 늘 뭔가 애잔하고, 자주 사랑스럽고, 가끔 아무것도 아닌 말에 눈물을 흘린다. 입 밖으로 꺼내진 않지만, 서로의 눈은 이렇게 말하고 있다.

'네 뒤엔 내가 있어. I've got your back.'

2020년 1월 마지막 주 일요일. 우리는 암스테르담에서 한 시간 거리에 있는 작은 도시 넌스피트Nunspeet의 한 호텔 레스토랑에 마주 앉았다. 며칠 후면 26개 도시 투어의 대장정이 시작되었다. 이전엔 더 긴 기간 동안 더 많은 도시의 투어를 진행한 적도 있지만, 우리에게 이번 네덜란드 투어는 그 어느 때보다 특별했다.

해외 공연의 경우, 초청받는 공연팀은 회차당 정해 놓은 개런티를 초청 측에 공유하고, 공연 기간 및 회차에 따른 짧은 조정을 거쳐 계약서를 작성한다. 초청 측이 현지에서 지출하는 비용을 알 필요도 알 이유도 없다. 또한 객석점유율이 어느 정도가 되어야 손해가 없는지 혹은 어느 정도 되어야 이익이 발생하는지 궁금해할 이유도 없다. 초청공연의 계약서는 그래서 심플한 편이다.

초청 측이 공적인 기관이 아닌 경우, 해외 공연을 초청하기로 결심한 순간 모든 프리젠터는 손해가 발생할 수도 있다는 리스크를 안는다. 물론 결과가 좋으면, 그에 따른 수익도 초청 측의 몫이다. 해외 공연을 초청하는 경우, 현지에서 발생하는 대관료, 기술 사용료, 홍보마케팅, 기타 운영비, 인건비와 공연비 이외에도 항공료, 숙박비, 퍼디엠(1일 경비, 체류비)을 예산에 잡아야 한다. 국내 작품을 상연할 때보다 손익분기점이 올라간다.

나는 리스크에 대한 부담을 내 친구 혼자 감당하게 하고 싶지 않았다. 2년 전 그가 네덜란드 투어 얘기를 꺼냈을 때부터 우리는 누구도 손해보지 않을 방법을 함께 고민하기 시작했다.

초청하는 프리젠터가 세부 예산 항목이 고스란히 들어가 있는 엑셀 파일을 공유하는 경우는 드물다. 이번은 예외였다. 우리 둘은 마치 공동 기획공연을 올리는 파트너처럼 함께 예산을 구성해 나갔다. 계약서에는 배우와 스태프에게 지급할 비용을 미니멈 개런티로 정하고, 손익분기점을 넘는 시점부터 수익을 나누는 러닝 개런티 조항을 추가로 넣었다. 공연팀이 손해를 보지 않는 선에서 프리젠터의 초기 부담은 낮추고, 결과가 좋으면 수익도 같이 나누는 서로를 배려하는 조건이 완성되었다.

다른 공연을 초청할 때는 오프닝 나이트(Opening night/첫 공연과 축하 리셉션)에만 방문하는 초청 측 대표인 그는 먼 길 날아온 친구를 위해 2박 3일의 일정을 함께 했다. 저녁을 먹으며, 나는 이제 3년 차에 접어든 그의 회사 이야기를 듣고 있었다. 어떤 공연을 전속으로 맡았는지, 어디와 파트너십으로 작품을 만들고 있는지 등 자신의 계획을 말하는 그의 눈이 빛났다.

그는 우리가 축배를 들며 기뻐했던 세계 최대 아트 매니지먼트사의 부사장으로 스카우트되었던 날을 상기시켰다. 당시 닐스는 공연예술 분야를 위해 뭔가 많은 일을 할 수 있으리라는 기대에 부풀어 있었다. 하지만 그곳에서 그는 시들어 갔다. 그는 당시의 상황을 '작품성과 상관없이 돈 되는 공연은 계약을 맺고, 돈이 되지 않는 공연은 취급하지 않는 곳'이었다고 한 문장으로 설명했다. 그는 원석의 가치를 알아보는 눈을 가지고 있었다. 나름의 철학과 세계관을 담은 성장 가능성이 있는 공연을 알아보는 프로모터였다. 하지만 회사는 그렇게 시간과 공을 들여 공연을 함께 키워가려는 곳이 아니었다. 당장 매출과 연결되는 일을 하고, 실적을 관리해야 했다고 말하는 그의 눈빛이 힘들었던 마음을 대변하듯 흐려졌다.

"내가 사업가로 보여? Do I look like a businessman?"

사업가에 대한 부정적인 표현이 아니다. 우리는 사업하는 사람들을 존경한다. 그는 그저 우리가 아직도 철이 없어서 처음 공연예술에 몸담았던 이유를 그대로 가슴에 품고 있다는 말을 하고 싶었을 뿐이다. 이 철없음은 우리가 긴 세월 친구로 남아있는 이유이기도 하다.

사업. 사업가. 이윤 창출이 목적이었다면 우리는 직업을 바꿔야 한다. 무대가 좋아서 선택한 일, 공연이 좋아서, 사람이 좋아서, 사람들과 함께 작업하며 느끼는 충만한 공감이 좋아서, 그리고 우리의 작은 생각이 누군가의 삶에 조금은 도움이 되리라는 믿음을 갖고 있기에 20여 년의 시간을 문화예술에 몸담고 있는 현실감 없는 우리는 서로의 거울 같다.

우리는 세상에 쉽게 상처받는다. 이로 인해 걷던 걸음을 멈추게 될 수도, 그대로 주저앉을 수도, 뒤를 돌아 다른 방향으로 걸어갈 수도 있다. 우리를 일으켜 걷던 방향으로 다시 걷게 만드는 건 묵묵히 그 길을 함께 걷고 있는 동료들이다.

닐스가 자신의 회사를 차릴 수밖에 없었던 이유. 내가 20대 후반에 회사를 차린 이유. 작품을 만들고 문화를 나누기 위해서는 함께 일하는 개인 또는 회사와 계약을 맺어야 하고, 계산서를 발행해야 하며, 세금을 내야 한다. 사업자의 이름과 등록증이 필요

하다. 국가가 만들어 놓은 시스템 안에서 경제활동 '도' 해야 하기에 우리는 회사를 만들고 대표가 되었다. 대표가 되고 싶어 회사를 만든 게 아니다.

닐스는 2박 3일 동안 아침부터 밤까지 나의 모든 시간을 함께 했다. 공연의 셋업과 리허설과 스텝들과의 미팅으로 바쁜 나를 그저 옆에서 바라봐 주고 기다려 주던 나의 친구는 '언제든 필요하면 달려오겠다'라는 말을 남기고 자신의 가정이 있는 독일로 돌아갔다.

나는 진심을 담아 작품을 대하는 친구들이, 나의 동지들이, 일이 아닌 세상에, 사람에 상처받지 않고 긴 세월 서로의 곁을 지키며 함께할 수 있기를 매 순간 기도한다.

THEATRE WORKSHOP
VENUE 20
34, HAMILTON PLACE
TEL: 226 5425
15-27 AUGUST
10.45am
£2.25/£2.75

THEATRE WORKSHOP
VENUE 20
34, HAMILTON PLACE,
TEL: 226 5425
15-27 AUGUST
10.45am
£2.25/£2.75

INSTIT
13, Randolph
10.00pm
THE ROYAL SCOTS
30 Abercromby Place
4.00pm (not Sunday)
Tickets £4   BOX

SKINT VIDEO

"BITING ABUSIVE AND ALWAYS VERY FUNNY" THE INDEPENDENT

MARK MIWURDZ

"THE MASTER OF STAND-UP COMEDY" MELODY MAKER

IN

WOMEN - HOW TO
PATRONISE TH

FOR HIM

MUESLI MAI DENS

ORGANIC VEGIES

NEW MENO

MON 15TH AUG   T 3RD

THE COME   BO

2 PICARDY PLACE, TOP O   WALK, EDIN
9.30PM £4.00(3.00) B   556 0499 (N

VICIOUS BOY

"CLEVER, HUGELY FUNNY AND GENUINELY INVENTIVE" GLASGOW HE

NORMAN LOVE

"THE MASTER COMEDIAN" TIME OUT

BOY

OR NICARA
PTEMBER 1

Festival People

축제의 시간

가이 마스터슨
Guy Masterson

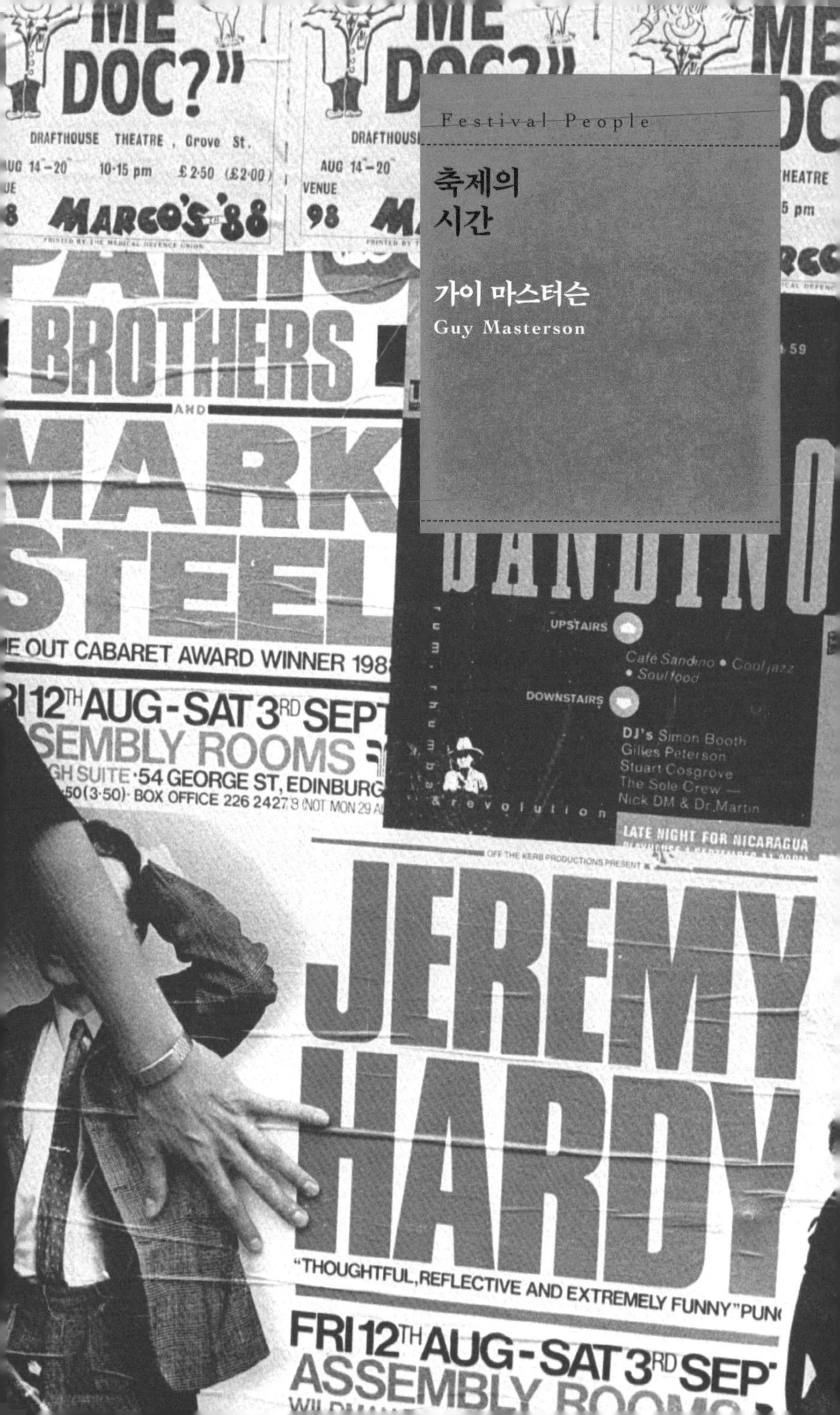

Love asks me no questions

and

gives me endless support.

— William Shakespeare —

2018년 8월 24일, 어셈블리 조지 스퀘어Assembly George Square의 클럽바Club bar에서 가이Guy Masterson의 '25번째 프린지'를 기념하는 파티가 열렸다. 가이는 올해도 자신이 직접 쓰고 연출한 신작과 배우로 출연하는 솔로 공연을 가지고 에든버러를 찾았다. 마릴린 먼로의 죽음과 관련된 당시의 상황을 재구성해서 극을 쓰고 연출한 연극 '마릴린 음모The Marilyn Conspiracy'에 출연하는 매력적인 배우들과 그의 25년 축제에서 각각의 페이지를 장식하는 '페스티벌 피플'이 한자리에 모여 활발한 그의 작품 활동을 지지하며 샴페인 잔을 높이 들었다.

2018년은 어셈블리 극장장이자 예술감독인 윌리엄의 '38번째 프린지'이자, 옥스퍼드 플레이하우스 예술감독인 루이스의 '30번째 프린지'였으며, 독일 프로모터 친구인 닐스의 '22번째 프린지'였고, 나의 '20번째 프린지'였다. 서로 나이를 묻지 않는 서양에서 아이러니하게도 우리는 축제에서 만난 사람들에게 올해가 자신의 '몇 번째 프린지'인지 은근슬쩍 어필한다. 그리곤 대략적인 나이를 계산하고 있을지도 모를 상대에게 빠르게 '계산하지 마! Don't Calculate!'라는 말을 덧붙이고 겸연쩍게 웃는다.

가이가 처음 에든버러 축제를 만난 건 나보다 5년 빠른 1994년이었다. '언더 밀크우드Under Milk Wood'라는 연극에 배우로 출연했던 그는 이 아름다운 도시와 프린지 정신에 반했고, 이듬해에는 그의 삼촌인 리차드 버튼Richard Burton의 인생을 다룬 연극 '플레잉 버튼Playing Burton'의 연출로 자신의 작품을 가지고 다시 축제를 찾았다. 그 후로 25년간 그는 수많은 작품의 배우이자 작가이자 연출이자 제작자로 한해도 쉬지 않고 축제를 찾았다.

가이와 나는 정확히 언제 어디서 처음 서로의 이름을 물어봤는지 기억하지 못한다. 우리는 아마도, 아니 분명히 1999년 레인바에서 인사를 나눈 수백 명의 아티스트 중 한 명이었을 것이다. 기억에 없는 첫 만남 이후에 어느 해의 어느 순간부터 친구라고 부르기 시작했는지도 기억나지 않는다. 그저 매년 8월 우직하게 자신의 길을 걷고 있는 서로를 발견하고 응원하는 마음이 커지고 커져 어느 순간 친구를 넘어 가족 같은 사이가 되어버린 것 같다. 긴 시간과 함께 겹겹이 쌓인 신뢰는 가랑비에 옷 젖듯 20년의 세월과 함께 깊어져 갔다.

지난 몇 년 사이, 축제 기간 세계 곳곳에서 모이던 친구 중 몇몇이 연이은 흥행 실패로 사라져 갔다. 몇몇은 공연예술계를 떠나 전혀 다른 분야의 일을 시작한다고 했고, 몇몇은 은하수 다리를 건넜다. 이 세상은 자주 문화의 소중함과 그 가치에 대해 얘기하며 '문화를 지켜야 한다, 문화의 힘을 믿는다'라고 말하지만, 사실 문화예술 특히 공연예술은 작고도 작은 산업의 파이를 차지하고 있으며, 그 파이가 너무 작아 산업이라는 단어를 붙이기도 민망할 지경이다. 불황이 긴 세계 경제 상황에서 공연예술은 마치 없어도 되는 사치품이 된 기분마저 든다. 먹고사는 문제가 거론되면 우리는 말을 삼킨다. 문화는 다시 후순위로 밀린다.

그럼에도 불구하고, 우리는 작은 돛단배를 타고 망망대해를 항해하는 듯 위태위태한 서로의 곁을 지킨다. 작품을 응시하고, 공감하고, 작품에 담은 진심을 인정하고, 그 진심이 훼손되지 않도록 마음으로 옆에 서 있다. 그렇게 매년 축제에서 서로를 발견하고 안도한다.

새로운 친구들을 만날 때마다 가이는 가슴을 한껏 부풀린 아빠 곰처럼 '그녀는 대작들을 가져온다고. 엄청나게 히트 치는 공연들이지. She brings big productions. Huge hits.'라고 자랑하듯 말하고, 나는 팔불출처럼 '그는 놀라운 배우예요. 그의 연극을 꼭 봐야 해요. He's just an amazing actor. You shouldn't miss the play.'라고 말하며 그에 대한 자랑을 늘어놓는다.

2019년 그가 연출한 신작 '샤크 이스 브로큰The Shark is Broken'은 2020년 런던 웨스트엔드에서의 상연이 확정되었고, 여론의 지대한 관심을 받고 있었다. 그의 진심과 끊임없는 창작열을 그대로 담아낸 작품들은 매년 그 깊이를 더해갔고, 나는 운 좋게도 지난 20년간 그 변천사를 직관하며 지금 그의 성공스토리를 공유할 수 있어 더없이 행복하다.

2017년, 한국 공연을 에든버러에 소개한 지 18년이 되던 해까지도 나는 선정작에 '연극'을 포함시킬 수 없었다. 자막을 읽으며 연극을 본다는 게 여간 곤혹스러운 일이 아니라는 걸 이미 수십 차례 경험한 바 있었다. 배우의 표정, 몸짓, 상대 배우와의 관계 형성 등 무대 위에서 벌어지는 그 모든 디테일한 흐름과 감정을 따라가며 관람해도 놓치는 게 너무 많다. 자막을 보기 위해 무대에서 시선을 떼 프로시니엄 무대 위로 혹은 옆으로 고개를 셀 수 없이 돌리며 대사를 '읽다' 보면 멘붕이 온다. 나는 공연을 보러 온 것인가, 큰 화면에 쓰인 대본집을 읽으러 온 것인가.

에든버러 코리안 시즌에 선정한 공연의 장르가 퍼포먼스와 무용, 음악, 전통 공연 등으로 한정되었던 이유가 여기에 있었다. 작품에 온전히 집중할 수 없는 환경에서 한국 연극을 평가받고 싶지는 않았다.

2017년 연락이 온 한 극단 덕분에 코리안 시즌의 선정 장르는 그 한계를 넘을 수 있었다. 연극 '흑백다방'은 2인극이었다. 극의 사건만 보자면 우리나라의 아픈 역사 속 개인의 이야기를 담고

있지만, 넓게 보면 전 세계 어디에서나 직면하게 되는 피해자와 가해자의 이야기를 공론화하고 있었다. 관계에 대한 다른 시선과 해석을 제시하는 의미 있고 파워풀한 이 연극은 배우들의 밀도 있는 연기로 완성됐다. 텍스트가 가진 힘이 워낙 강한 연극이라 선정하기까지 고민이 깊었지만, 좋은 작품이기에 나는 공연을 상연할 방법을 찾고 싶었다.

2인극. 2명의 배우. 인지하고 있는 언어 장벽을 해결할 좋은 방법이 떠올랐다. 8월 한 달간의 짧지 않은 공연 일정을 한국 배우와 영국 배우가 나눠서 공연하면 어떨까 하는 생각이었다. 부담 없이 시도해 볼 수 있는 실행 가능한 계획이었다. 관객들은 우선 친숙한 영국 배우의 공연을 볼 것이다. 그러고는 같은 대본으로 연기하는 오리지널 한국 배우들의 공연이 궁금해질 것이다. 한국 배우와 영국 배우가 하루씩 번갈아 공연하면 시너지를 낼 것이란 확신이 들었다.

극단의 대표이기도 한 연출에게 1차 번역된 영문 대본을 요청했다. 나는 머릿속으로 이미 '한때 형사였으나 지금은 심리상담을 하는 중년 남성 캐릭터'를 연기하는 가이를 떠올리고 있었다. 긴 세월 서로의 작품을 보고 응원해 왔지만, 그와 함께 작업할 기회는 없었다. 우리는 같은 공연예술 분야 종사자지만 각자의 영역이 조금 달랐다. 가이는 텍스트에 힘이 실린 정통 연극을 하는 배우이자 극작가이자 연출이었고, 나는 퍼포먼스, 뮤지컬, 음악극 등을 제작하는 제작자이자 예술감독이자 연출이었다.

나는 가이에게 대본을 보내고 빠르게 일정을 협의해 나갔다. 반갑게도 그는 호주 애들레이드 페스티벌에서 공연하고 있었고, 덕분에 우리는 시차의 불편함 없이 잦은 미팅을 이어갈 수 있었다. 그는 1차 리딩을 마치고 대사를 수정해도 되겠느냐고 조심스레 물어왔고, 리딩이 거듭될수록 영어 대본은 생명력을 얻으며 단단해졌다.

하지만 얼마 지나지 않아 가이는 슬픈 소식을 전해왔다. 에든버러 축제와 함께 한 지 25주년을 맞이하는 2018년 8월이 자신의 인생에서 가장 바쁜 해가 될 것 같다는 긴 서두와 함께, 가이는 자신이 연출하는 2개의 신작과 다른 프로덕션과 공동 제작을 약속한 3개의 작품, 그에 더해 자신이 배우로 출연하는 연극의 앙코르 공연까지 축제에 올리게 되었다는 얘기를 고해성사하듯 풀이 죽은 목소리로 설명해 나갔다.

그리곤 'So,'로 시작되는 듣고 싶지 않은 문장이 뒤를 이었다. '그래서' 너무 마음 아프지만 이 연극에 배우로 참여하는 건 물리적으로 불가능할 것 같으며, 자신이 배우로서 작품 욕심이 나지만 공연에 피해가 가면 안 되기 때문에 스케줄을 정리하려 한다는 말이었다. 아쉬운 마음은 감출 수 없었지만 이해가 되는 상황이었다.

　그는 자기를 대체할 사람으로 애들레이드에서 자신과 리딩을 함께한 배우 니콜라스를 추천했다. 사진과 리퍼런스를 보내왔지만, 자세히 볼 이유가 없었다. 나는 가이의 판단을 조금도 의심하지 않았다. 그는 내가 보낸 대본을 그냥 한번 읽어본 게 아니다. 이미 수차례의 리딩을 거쳐 대사를 수정한 장본인이었다. 캐릭터 분석이 뛰어난 이 배우이자 연출이 추천한 배우라면 신뢰하지 않을 이유가 없었다.

　그 해, 나의 한국 배우와 영국 배우의 '홀짝홀짝' 전략은 적중했고, 연극은 평단과 관객의 호평으로 성공적인 시즌을 마무리했으며, 이듬해 앙코르 공연을 진행하게 되었다.

　2020년 2월. 나는 네덜란드에서 26개 도시 투어 공연을 안정화하기 위해 동분서주하는 일주일을 보낸 후 런던으로 향했다. 윌리엄이 지난 4년간 심혈을 기울여 리노베이션한 템즈강 유역의 리버사이드 스튜디오가 마침 재오픈한 상태였고, 공연 이외에 영화도 상영하는 이 극장에서 윌리엄은 재개관 첫 상영작으로 봉준호 감독의 '기생충'을 선택했다고 말했다. 나는 공연장도 둘러보고, 올해 코리안 시즌에 선정한 공연 관련 이야기도 나누고, 웨스트엔드에서 보고 싶었던 공연도 관람할 계획으로 런던

방문 일정을 잡았다.

해외 출장의 경우, 나는 모든 일정의 동선을 고려하여 최적의 호텔을 찾으려 노력하는 편이다. 하지만 출장 장소가 런던인 경우 선택은 하나다. 히드로 공항에서 지하철로 한 시간 안에 이동할 수 있으며, 잠깐의 짬을 내서라도 최대한 자주 방문하고 싶은 나의 최애 장소 내셔널 갤러리를 들락날락하기에 용이한 곳, 웨스트엔드의 공연장까지 걸어서 10분 안에 닿을 수 있으며, 윌리엄이 운영하는 리버사이드 스튜디오까지 환승 없이 한 번의 지하철 탑승으로 30분 만에 도착할 수 있는 곳. 그래서 짧은 런던 출장의 경우, 나는 채링 크로스에 위치한 앰버 호텔(*2022년에 The Clermont로 이름이 바꿔었다.)을 선택한다.

마침, 제2의 셰익스피어라고 불리는 극작가 톰 스토파드Tom Stoppard의 신작이 오랜만에 웨스트엔드에 올라간다는 반가운 기사를 읽은 후였고, 연극 '레오폴드슈타트Leopoldstadt'는 운 좋게도 나의 출장 기간에 상연되고 있었다. 런던에서 연극을 함께 보기에 가이보다 좋은 친구는 없다. 나는 런던으로 향하는 비행기를 타기 전 가이에게 페이스북 메신저로 '앰버 호텔 테라스에서 가볍게 한잔하고 윈덤 시어터Wyndham's Theatre까지 걸어가면 어떨까?'라는 메시지를 남겼고, 히드로 공항에 도착하니, '물론이지, 내가 너 있는 곳으로 갈게. Sure! I'll come to you.'라는 가이의 회신이 도착해 있었다.

웨스트엔드의 공연장 객석은 1층 스톨스Stalls와 2층 드레스 써클Dress circle, 3층 그랜드 써클GrandCircle(또는 어퍼 서클 Upper Circle)로 나뉜다. 공연에 따라 관람하기에 좋은 위치가 다르긴 하지만, 내가 가장 많이 선택하는 좌석은 2층 드레스 써클의 맨 앞좌석이다.

공연 관람 두 달 전에 내가 예매한 티켓은 드레스 서클 맨 앞 정중앙 좌석이었다. 오른쪽 통로 끝에서부터 '익스큐스 미'를 연발하며 중앙으로 이동한 가이는 자리가 맘에 들었는지 새로운 장난감을 선물 받은 아이처럼 눈을 반짝이며 기뻐했다.

1899년부터 1955년까지 빈에서 생활한 유대인 가족의 이야기를 다룬 연극은 공연 후 우리의 대화를 가족 이야기로 이끌었다. 1차 세계대전과 2차 세계대전을 경험한 세대는 아니지만, 외부의 환경이 가족 구성원에게 미치는 영향과 어린 시절의 트라우마가 어른이 된 이후에도 우리의 삶에 어떤 영향을 미치는지 등등의 이야기가 꼬리에 꼬리를 물었다.

밤이 깊어질 무렵, 이야기는 어느새 가이의 20대로 넘어가 있었다. 이미 수차례 들었던 삼촌과의 유럽 여행 이야기를 나는 중간에 끊지 않고 풀버전으로 다시 한번 들었다. 그의 삼촌인 리차드 버튼은 1960년대 세계에서 가장 높은 출연료를 받는 배우였

다. 골든 글로브와 아카데미 남우주연상을 받았고, 대영제국 훈장을 받은 셀럽 중의 셀럽인 그는 엘리자베스 테일러의 두 번째 남편이기도 했다. 영화배우인 리처드 삼촌과의 여행은 당시 연기를 공부하기 시작한 그에게 영화 같은 경험을 선물했다.

예약하지 않고도 모든 곳에서 환대받았던 그 시절 셀럽 이야기. 지금은 놀라운 일이 아니지만, 당시 일반인은 상상도 못 했을 개인의 차를 배에 실어 국경을 넘은 이야기부터, 여권과 지갑 없이도 삼촌의 얼굴이면 모든 일이 해결되었다는 여행담은 지금 같으면 '갑질 논란'에 휘말릴 법한 이야기로 가득했다. 하지만 흑백영화처럼 펼쳐지는 그의 여행기는 낭만적이라는 표현이 더 잘 어울렸다.

이야기의 내용은 변함이 없을 텐데, 이야기를 듣는 나의 감정은 매년 달라진다. 쌓여가는 시간과 함께 경험하게 되는 삶의 우여곡절이 똑같은 이야기에도 매번 새로운 감정을 대입시킨다. 그의 눈처럼 하얀 머리와 수염을 바라보다 나는 문득 내가 보지 못한 그의 초창기 연극이 궁금해졌다. 1995년 그가 작품으로 그려낸 자신이 동경하는 삼촌은 과연 어떤 모습이었을까?

우리의 밤은 가족 이야기를 담은 공연을 함께 만들어 보자는 결의와 함께 8월을 기약하며 마무리되었다.

Festival People

약속에 담긴
마음

폴 거진
Paul Gudgin

아이가 노인이 되는 과정과

노인이 아이가 되는 과정은

너무나 비슷하다.

우리는 주변에서 인생에 대한 가르침을 얻는다.

누군가에게는 의미 없는 작은 배움들도

누군가에게는 커다란 깨달음이자 위안으로 다가온다.

나는 가족과 친구들에게서

꿈꾸는 아름다움을, 도전의 가치를,

외로움과 두려움도 함께 한다는 진실을,

삶의 소중함을, 죽음의 의미를,

그리고 사랑을 배운다.

배움이 없는 삶은 없다.

때로 지키지 못할 걸 알면서도 우리는 약속을 한다. 지금의 이별이 조금은 덜 슬플 수 있을 것 같아서 혹은, 다시 만날 수 있을지도 모른다는 희망에 기대고 싶어서 인지도 모르겠다. 지키지 못할 약속의 말에도 아마 그 약속을 지키고 싶은 간절한 마음이 담겨 있을 것이다.

2013년 8월, 축제 관광객으로 가득 찬 거리를 원하는 속도로 걸을 수 없던 나는 인도와 차도를 넘나들며 조지 포스 브릿지George IV Bridge로 향했다. 폴은 미리 와서 에든버러성Edinburgh Castle이 보이는 아웃사이더Outsider의 창가 자리에 앉아 있었다. 에든버러에서 매년 반드시 방문하는 '나의 최애 Top 5 레스토랑' 중에서도 제일 자주 가는 아웃사이더는 캐쥬얼하면서도 팬시하고, 모던하면서도 클래식한 팔색조 매력을 갖춘 곳이었다. 테이블 높이에서부터 층고가 높은 천장까지 이어지는 기다란 창문들을 통해 들어오는 늦은 오후의 햇살은 우드톤으로 깔 맞춤한 레스토랑에 따뜻함과 편안한 빛을 더했다. 어둠이 내리기 전부터 테이블마다 켜 놓은 초는 무심하게 흐른 촛농이 켜켜이 흘러내려 고풍스러운 분위기를 연출했다. 스테이크를 제외한 대부분의 메뉴를 10파운드 내외로 부담 없이 즐길 수 있는 점심과 스타터와 메인, 푸딩(아웃사이더는 메뉴에 디저트라 표기하지 않고 자신들의 시그니처 메뉴인 푸딩과 아더스Others라 표기한다)으로 섹션을 나눠 와인과 함께 하는 2인 식사에 70~80파운드는 예상해야 하는 저녁 메뉴가 나 뉘어져 있었다.

아웃사이더는 와인 1병을 마시기엔 부담스러운 사람들을 위 해 다양한 와인을 카라프Carafe(500ml)로 주문할 수 있게 배려해 놓은 와인 리스트와 서빙하는 스텝들의 친근한 매너, 눈부신 햇 살이 빗겨 들어오는 창가의 고즈넉한 에든버러성 풍경이 더해지 며 식사하는 동안 점증적으로 기분이 좋아지는 곳이다.

아웃사이더의 메뉴는 매년 조금씩 변화가 있다. 변화의 물결 에 휩쓸리지 않고 절대로 사라지지 않는(사라져서는 안 되는) 메뉴 가 바로 '삶은 홍합 요리Steamed Mussel'이다. 작은 사이즈의 스타 터로도, 큰 사이즈의 메인으로도 주문할 수 있는 유일한 메뉴이 기도 하다. 유독 크림소스가 맛있는 이 레스토랑에서 머셀 크림 파스타를 발견한다면 반드시 주문해야 한다. 스타터부터 메인, 디저트까지 모든 음식이 훌륭하지만, 내가 매번 빼놓지 않고 주 문하는 건 사이드 메뉴에 있는 믹스드 올리브Mixed Olives다. 작은 볼 안에 가득 담긴 엄지손가락 크기의 탐스러운 그린 올리브는 특유의 풍미와 적당한 짠맛이 절묘하게 입안에 퍼지며 식욕을

돋운다.

　이른 저녁 시간에도 테이블은 이미 만석이었고, 문 앞의 대기 행렬은 눈에 띄게 늘고 있었다. 우리는 일찍 온 자의 여유를 만끽하며 와인잔을 부딪쳤다. 이내 연례행사 같은 근황 토크가 이어졌다.

　폴은 노스트라다무스가 세계멸망을 예언했다며 세계가 들썩이던 1999년에 에든버러 프린지 축제위원장이 되었다. 나와 축제의 시작이 같다. 가장 변화무쌍한 8년을 축제와 함께 한 폴은 2007년 자리를 내려놓고 학교로 돌아갔다. 그 후로 대학에서 페스티벌&이벤트 매니지먼트 전공과 축제전문가들을 위한 마스터클래스를 운영하였고, 축제의 풍부한 경험을 바탕으로 지혜를 나누는 좋은 멘토이자 교육자가 되었다.

　'재밌는 소식이 있다.'라고 운을 띄운 폴은 아직 공식 기사가 나가지는 않았지만 2014년부터 시티 오브 런던 페스티벌 City of London Festival의 축제위원장을 맡기로 했다고 말했다. 친구가 필드로 돌아온다는 소식만큼 반가운 건 없다. 함께 하는 일 없이도 매년 빠짐없이 안부를 묻고 있지만, 같이 일을 하게 되면 자주 연락할 수 있고 지속적으로 만날 수 있어 즐겁다.

　'시티 오브 런던'은 '더 시티The City'라고도 불리며, 세계금융의 중심지이자 런던의 역사적 중심이기도 하다. 지리적으로는 런던시Greater London에 있지만, 독자적인 자치도시로 경제적, 정치적인 자치권을 가지고 있다. 런던 타워에서 성바오로 성당까지, 템스강에서 런던 월까지가 이곳의 영토로, 영국 사람들은 이곳을 '더 시티'라는 이름 이외에 '스퀘어 마일The Square Mile'이라고도 부른다. 영국중앙은행과 세계적인 은행이 모여 있는 이곳에는 관광객들이 사랑하는 '타워 오브 런던', '타워 브릿지', '밀레니엄 브릿지', '세인트폴 성당', '거킨 빌딩' 등이 있다.

이듬해 축제 운영을 위해 다시 찾은 런던에서 나는 그전에는 수차례 방문하면서도 인지하지 못했던 시티 오브 런던의 휘장을 거리 곳곳에서 발견하며 '아는 만큼 보인다'는 명언의 산증인이 되었다.

런던의 시장이 선출직임에 반해, 시티 오브 런던의 시장인 '로드 메이어Lord Mayer'는 명예직으로 영국에서의 서열이 여왕 다음으로 높다. 영국 여왕조차 이곳을 방문할 때는 형식적일지라도 로드 메이어의 허락을 구한다고 한다. 경찰도 소방관도 런던시와 분리되어 운영된다.

시티 오브 런던에서는 지난 50년간 매년 여름 클래식 축제가 진행되었다. 이름하여 '시티 오브 런던 페스티벌'. 폴은 축제가 지나온 50년의 역사를 공부하며, 새로운 50년을 위한 기획을 고민하고 있었다. 새로 취임하는 축제에 거창하게 '변화의 바람을 불러오고 싶다'고 말하지는 않았지만, 기존의 클래식 음악 축제를 종합예술축제로 변화시키고자 하는 의지는 확고해 보였다. 음악을 전공한 폴이지만 그가 프린지에서 보낸 8년은 그를 이미 종합문화예술인으로 만들었고, 다양한 장르 각각의 매력과 융복합의 매력, 대중들과 함께 만들어 가는 축제의 매력을 경험한 그였다. 이를 바탕으로 그는 지난 7년간 말 그대로 축제를 연구하고 축제전문가들을 양성해 왔다. 다양성을 받아들이는 힘 있는 기획이 가능한 그였다.

폴은 축제의 메인 테마에 대한 이야기를 시작했고, 나는 '시티 오브 런던'이니 심플하게 매년 메인 시티(도시)를 선정하고 그 도시의 다양한 문화를 선보이면 어떻겠냐고 제안했다. 물론, 우리는 축제의 첫 메인 도시를 '서울'로 정했다.

같은 해 겨울, 우리는 런던 홀번Holborn에 위치한 축제 사무국에서 메인 프로그램과 장르별 초청공연에 대한 협의를 이어가고 있었다. 프로그래밍할 공연의 규모에 맞는 공연장과 스케줄 전반을 논의하고자 방문한 런던은 한여름의 축제와는 전혀 다른 얼굴을 하고 있었다. 스산하고 으스스한 날씨는 영상의 기온에도 뼛속까지 찬 기운을 옮겨왔다. 닭살이 돋는 음산한 추위에 옛 기억이 스멀스멀 올라왔다.

2006년 1월, 나는 한 달이 조금 넘는 일정으로 웨스트엔드에서 공연을 진행하고 있었다. 공연 초반에 걸린 감기는 일주일, 열흘이 지나도 호전의 기미가 보이지 않았고, 뒤늦게 시간을 내 찾아간 클리닉에서 담당 의사는 그저 '너의 몸이 기침을 하고 싶어서 하는 것이니 하게 놔두라'는 쌀로 밥 짓는 이야기를 하며, '사람이 많고 먼지가 많은 공연장, 호텔, 펍 같은 곳에 가지 말라'는 처방 아닌 처방을 내려 주었다. 나의 주 생활공간이 바로 이 세 곳이다. 공연장, 호텔, 펍. 밤새 밭은기침을 하며 뜬 눈으로 한 달여를 보낸 후, 나의 감기는 스페인의 눈부신 햇살을 받는 순간 감쪽같이 사라졌다.

과거의 기억을 떠올리며 장황한 설명을 하는 이유는 '나는 (가능하면) 겨울에는 영국에 가지 않는다'는 이야기를 하기 위함이다. 이날도 유독 걷기를 좋아하는 영국의 축제 친구들과 함께 뭔가 사건이 일어날 것 같은 회색빛 하늘 아래 스퀘어 마일을 언 발을 달래며 걷고 또 걸었다. 홀번 비아덕트를 따라 스테이셔널스 홀Stationers' Hall을 둘러보고, 축제의 상징이 될 보울러 햇Bowler Hat이 세워질 피터노스터 스퀘어Paternoster Square를 지나 세인트폴 성당으로 향했다.

3시 반, 아직 사전답사를 진행해야 할 장소의 1/5도 둘러보지 못했는데 주변이 눈에 띄게 어두워졌다. 그렇다. 영국의 12월에는 운이 나쁘지 않아도 3시 50분경 해지는 광경을 목격하게 된

다. 겨울의 한중간을 지나고 있는 영국이기에 다음 날도 8시는 되어야 날이 밝아 오기 시작할 것이다. 짧은 낮이 지나 길고도 긴 밤이 찾아왔다.

같은 일정은 일주일간 반복되었다. 언 발을 달래며 공연장에서 공연장으로, 혹은 공연장이 아닌 시티 오브 런던의 멋진 공간들을 축제 기간 공연장으로 만들 계획을 세우며, 우리는 회색빛 하늘 아래 추위로 움츠러드는 굳은 어깨와 대비되는 자유로운 예술적 상상을 현실화시켜 나갔다.

이듬해 여름, 우리는 축제의 메인 공연으로 세인트폴 성당에 지휘자 정명훈과 런던 심포니 오케스트라의 협연을 올렸다. 티켓은 오픈하자마자 매진되었고, 세인트폴 성당에 울려 퍼진 베토벤의 합창은 표현이 불가능한 감동과 함께 10여 분간의 기립 박수를 끌어냈다.

마음을 듬뿍 담아 기획한 프로그램 중에서도 '더 기프트The Gift'는 기획자의 가슴을 엄마 개구리처럼 뿌듯함과 감동으로 부풀어 오르게 했다. 영재Gifted Children라는 단어에서 그대로 따 온 '선물'을 공연 제목으로 정하고, 14살의 바이올리니스트 이수빈과 16살의 첼리스트 최하영을 메인으로 한 트리니티 음대 챔버 앙상블과의 협연 무대를 기획하였다.

우리는 목표가 있을 때 초인적인 능력을 발휘하는 것 같다. 무

대 위에서 너무도 당당하고 멋지고 웅장해 보이기까지 하는 이 어린 솔리스트들의 무대는 관객 모두에게 그 자체로 빛나는 선물이 되었다.

우리는 '서울 인 더 시티'라는 테마 안에 손열음 리싸이틀, 김선욱 리싸이틀, 금호아시아나 솔리스트의 무대 등 기존 축제의 아이덴티티를 살리는 클래식 프로그램으로 절반을 채웠고, 양정웅 연출의 연극 '햄릿'과 퓨전국악 '앙상블 시나위', 현대무용 '안데르센의 시선', 그리고 '갬블러 크루'의 화려한 비보잉 등 다양한 장르의 작품으로 나머지 절반을 채워 프로그래밍한 축제로 런던의 여름을 한국문화로 물들였다.

2017년 8월, 폴과 나는 써머홀Summerhall의 야외테이블에 앉아 커피를 마시고 있었다. 지나가던 친구들이 나에게 인사를 해 올 때마다 나는 폴을 소개했다. 축제의 레전드라고 불리는 사람이자, 최장기간 축제위원장을 역임했으며, 당시 축제의 규모를 2배로 키워 놓은 그를 나의 새로운 친구들은 알아보지 못했다.

매년 에든버러 축제에서 코리안 시즌을 운영하는 나는 새로운 축제 관계자와 공연장의 스텝들, 공연팀과 아티스트들을 만나지만, 2007년을 마지막으로 에든버러 축제위원장 자리에서 물러난 폴을 알아보는 사람은 거의 없었다. 축제 사이트의 기사나 온라인에서 에든버러와 연관되어 나오는 그의 이름을 본 사람은 있겠지만, 10년이라는 시간 동안 축제는 서서히 그를 잊었다.

1999년부터 2007년까지 최장수 축제위원장을 지낸 '레전드'. 당시 그를 모르는 사람은 없었다. 전 세계의 다양한 언론이 세계 최대 규모의 축제를 지휘하는 그의 인터뷰를 싣고자 했고, 참여해야 하는 행사도, 봐야 하는 공연도, 만나야 할 사람도 많았던 그였다.

그 후로 2~3년은 축제 기간 술잔을 기울일 때마다 다가와 인사하던 친구들이 있었으나, 10년이 지난 지금 그를 알아보는 건 나 같은 옛날 친구와 극장 운영진 정도다. 대부분의 축제 스태프와 공연장 프로듀서들은 에든버러에서 커리어를 쌓아 다른 국가나 지역의 좋은 포지션으로 옮겨가는 게 지극히 일반적이다. 변하지 않는 건 없다. 그는 나의 눈빛을 읽었는지, 이내 특유의 해맑은 미소를 지으며 말했다.

"어디든 편히 다닐 수 있어서 얼마나 좋은데~"

그의 말은 진심이었을 것이다. 하지만 축제 기간만 되면 감성지수가 하늘을 찌르는 나의 감정 오지랖은 그 말이 너무나 공허하고 슬프게 들렸다.

폴은 활동적인 사람이다. 지금도 다른 지역 축제의 축제위원

장으로 일하며, 문화예술전문가들을 위한 마스터클래스를 진행하기 위해 전 세계를 누비고, 자신의 전공을 살려 주기적으로 연주자이자 지휘자로 변모하기도 한다. 나의 주제넘은 측은지심은 자주 그 방향을 벗어난다. 그렇게 방향을 벗어난 생각은 멋진 백발의 신사를 보며 은퇴를 떠올린다. 나의 20년 지기 친구들은 대부분 나보다 나이가 많다. 나이를 물어보지 않아도 자연스럽게 알게 된다. 처음엔 정확히 알 수 없었던 나이도 함께 하는 시간 속에 직관하게 되는 케이크 위의 50, 55, 60, 70이라는 선명한 숫자와 함께 명확해진다.

몇 년 전부터 '내년에 만나자'라는 약속을 지키지 못하는 친구들이 하나둘 늘어간다. 다른 국가나 지역의 축제나 공연장을 운영하게 되어 못 오는 경우는 후일을 기약할 수 있기에 슬프지 않다. 우리를 숙연하게 만드는 건 근황을 알지 못해 궁금해하던 친구의 부고를 접하거나 건강상의 이유로 업계를 떠났다는 소식을 접할 때이다. 몇몇은 시장의 척박함에 지쳐 스스로 떠나기도 하고, 몇몇은 경제적인 문제로 다른 진로를 택하기도 한다. '내년에 만나자'라는 약속이 반드시 지켜지길 바라며 우리는 매년 같은 약속을 반복하지만, 점점 더 다양한 이유로 약속을 지키지 못하는 친구들이 늘어간다.

문화예술계에서 은퇴라는 말은 꽤 낯설다. 팬데믹 기간 일부러 더 자조적으로 자신을 '비자발적 조기퇴직 상태'라 부르고 있던 나는 비자발적 재택근무 상태로 서재에 홀로 앉아 은퇴라는 단어가 주는 느낌을 생각해보곤 했다. 사전적 의미로 '은퇴'란 '직임에서 물러나거나 사회활동에서 손을 떼고 한가히 지낸다'라는 뜻이다. 2020년 모든 해외 일정을 '내년'이라는 불확실한 시기로 미룬 뒤에도 회사의 회계 사이클은 돌아가고 있으니 '사회활동에서 손을 뗀' 상태는 아니다. 하지만 '한가히 지내고' 있는 건 분명했다.

나에게 '은퇴'란 너무 간단한 일이란 생각이 들었다. 그저 아무 일도 벌이지 않으면 자연 은퇴상태가 될테니 말이다. 매년 진행하는 에든버러 코리안 시즌을 포함해 2020년 계획되었던 루마니아, 이집트, 멕시코, 라트비아, 홍콩, 일본 등지의 해외 공연은 대부분 '다음 해'라는 정해지지 않은 일정으로 연기되었다.

모두가 같은 상황 안에 놓여 있기에 읍소할 곳도 없었다. 더기가 막힌 건, 그 누구도 2021년엔 모든 것이 정상화될 것이라 확신하며 말하지 못한다는 것이었다. 그저 이 불확실성이 안개 걷히듯 사라지길 기도하는 마음뿐이었다.

주변 사람들은 뉴노멀에 적응해야 한다고 말했다. 무대공연 제작과 영상 콘텐츠 제작을 병행하거나 아니면 영상으로 완전히 돌아서거나, 넷플릭스 같은 OTT와 계약할 수 있는 콘텐츠를 제작하는 게 답이라고 했다. 글을 쓰겠다는 나에게 유튜브를 병행하라고 조언하는 사람도 많았다.

나는 폴처럼 아무도 나를 알아보지 않아 '편히 다닐 수 있는' 축제를 상상해 보았다. 우리 중 일 없이 만날 수 있는 사이, 공통 관심사 없이 만날 수 있는 사이는 몇이나 될까 하는 생각과 함께.

내가 일하던 곳에서 더 이상 나를 알아보는 사람이 없다는 상상. 어디에도 속하지 않은 채 일반 관객들과 같이 보고 싶은 공연만 골라 티켓을 구매하고 관람하는 나를 상상해 본다. 어떤 공연을 꼭 관람해야 하는 이유도 없고, 공연을 분석할 필요도 없다. 나는 축제를 즐기고 있는가? 나는 관계자가 아닌 상태로 객석에 앉아 행복한 사람인가? 잘 모르겠다. 상상만으로 닿을 수 있는 감정이 아니다.

에든버러에 방문했던 조카는 신기한 듯 물었다. 어떻게 에든버러에서 사람들을 다 아냐고.

"그러게, 고모가 여기서 오래 일해서 그런가 보지."

에든버러 축제는 문화예술이라는 공통의 관심사를 가진 70여 개국의 사람들이 한 달 동안 한 도시에 머물며 같은 루틴으로 생활하는 곳이다. 처음 만난 사람과도 무슨 얘기를 해야 할지 고민할 필요가 없으며, 우리를 감싸고 있는 축제의 아우라로 우린 모두 하나라는 묘한 소속감을 받는 곳이다. 지구상 어느 도시가 이와 같을까. 하루에 수십 명의 친구를 약속 없이 마주치는 곳, 거리를 걷다 아는 사람을 만날 확률이 백 퍼센트인 곳, 바로 내가 사랑하는 축제 도시 에든버러다.

2020년 6월, 나는 서울에서 노트북을 켜고 반가운 친구의 얼굴이 나타나길 기다리고 있었다. 어젯밤 우리는 페이스북 메신저로 다음날 영상통화를 진행할 시간을 정했다.

"내일 영국시간으로 오전 10시면 너무 좋을 것 같아. 메신저로 할까? 줌으로 할까? Tomorrow at 10am UK time would be great. Messenger or Zoom, what do you prefer?"

중국을 제외한 대부분의 해외 친구와 소통할 때, 우리는 페이스북 메신저, 왓츠앱, 구글 행아웃을 자주 사용했다. 그 이전엔 스카이프를 사용했지만, 이제는 대부분의 소통 앱이 영상통화를 지원하기 때문에 더 이상 사용하지 않게 되었다.

우리는 페이스북 영상통화로 인사를 나누며 서로 잘 보일 수 있게 각도를 잡아갔다. 에든버러 근교에 사는 폴과 서울에 사는 나는 각자의 집을 방문한 적이 없다. 코로나 덕분에 집에서 하는 영상통화로 우리는 20년 만에 처음으로 노트북을 들어 한 바퀴 돌리며 각자의 서재를 소개했다.

삼면의 하얀 벽과 하얀 문으로 둘러싸인 폴의 서재는 바닥부터 천장까지 가지런히 정돈된 CD가 빼곡히 들어 있는 CD 장과 일반 서적보다는 두툼한 업무용 파일들로 가득한 흰 책장, 사무적으로 보이는 업무용 책상과 의자가 놓여 있었다. 반면, 나의 서재는 장르가 다른 서적들과 각종 공연과 축제의 프로그램 북으로 알록달록한 4개의 우드 책장이 한쪽 벽면을 채우고, 기다란 우드 테이블과 짙은 밤색과 블랙으로 톤 앤 매너만 맞춘 가죽 의자들과 앤틱한 스탠드, 각종 소품이 나름의 질서를 가지고 정렬되어 있었다. 우리는 에든버러 근교라고 말했을 때 느껴지는 따뜻한Cozy 이미지는 나의 서재에 더 잘 어울리고, 서울이라 하면 떠오르는 도시의 이미지는 그의 서재와 어울린다고 말하며, 동시에 격한 공감의 끄덕임을 시전하고는 또 같은 타이밍에 웃음이 터져 나왔다.

우리의 대화는 늘 그랬던 것처럼 서로의 근황을 묻고, 가족과 친구들의 안부를 묻고, 한국과 영국의 문화예술계 상황에 대해 질문과 답을 번갈아 주고받으며 쉼 없이 이어졌다. 영국은 3월 락다운Lockdown이 시작된 이후부터 전국의 모든 공연장이 예외 없이 문을 닫았다고 했다. 내가 한국은 확진자가 가장 많았던 3월에도 일부 공연은 예정된 공연 일정을 한 번의 취소도 없이 진행했다고 말하자, 폴은 조금 놀라는 눈치였다. 나는 전체 일정 또는 일부 일정이 취소된 공연도 많지만, 강제성은 없었기에 전국의 공연장이 한꺼번에 문을 닫는 일은 없었다고 설명을 덧붙였다. 친구들이 전해오는 소식과 뉴스로 이미 유럽 상황은 잘 알고 있었지만, 그의 얼굴을 보며 그의 입에서 나오는 실시간 뉴스를 들으니 그 심각성이 현실로 다가왔다.

2019년 여름, 우리는 2020년 8월 에든버러 축제에서 진행할 특별한 프로그램을 계획하고 있었다. 축제와 도시 전문가들, 공연장 관계자들, 아티스트와 프로덕션, 그리고 소수의 관객을 참여시켜 각자의 전문적인 혹은 객관적인 의견을 나누고 글로벌 문화교류 네트워크를 강화하는 프로그램이었다.

"그러니까. 준비할 시간이 훨씬 많아졌네. 잘됐다. Well, we have more than enough time to prepare the programme now. Even better!"

배려심 넘치고 다정다감한 폴은 어떤 상황에서도 긍정적인 언어를 사용하려 노력한다. 요즘 인사에서 빼놓을 수 없는 '건강하라Stay Healthy'는 말과 함께 나는 '내년 여름엔 꼭 만나자, 거기 레스토랑 내가 예약할게~'라고 말하며 영상통화를 마쳤다.

약속은 지켜지지 않았다. 긴 일 년이 지나 우리가 약속한 2021년 여름이 돌아왔지만 우리는 만날 수 없었다. 2021년은 코로나19로 인한 사망자 수가 교통사고 사망자 수를 추월했다는 기사와 함께 '길어야 1년이면 끝나겠지…'라고 막연히 비자발적 퇴직 상태의 데드라인을 잡았던 우리에게 터널의 끝이 어딘지 모르는 불확실성의 공포를 다시 한번 상기시켰다.

2021년 우리는 다시 똑같은 약속을 반복했고, 2022년 3월 축제 조직위가 Full-Festival(팬데믹 이전의 축제)을 개최하겠다는 의지를 밝히며 축제는 다시 시작됐다. 축제의 늦은 결정으로 해외 프로덕션의 참가가 가능할지에 대한 우려의 목소리가 높았고, 팬데믹 이전의 루틴을 실행할 수 없는 상황이었기에 관객이 돌아올지에 대한 불확실성이 존재했다. 2019년 3,800개의 공연이 등록을 마쳤던 축제는 2022년 급하게 준비하는 축제에 이전의 반이라도 돌아오면 성공이라 말하며, 1,500개의 공연을 올릴 수 있지 않을까 예상했다.

축제가 시작된 8월, 우리는 3,300개 공연 참가라는 예상치 못한 결과에 놀라며, 아티스트들이 축제를 얼마나 기다려 왔는지 확인할 수 있었다. 2년 넘는 시간을 헛되이 보내지 않았음을 증명하듯, 깊이 있는 연구와 고뇌의 시간으로 더욱 완성도 높은 작품을 가지고 축제를 찾아온 공연팀들 덕분에 축제 사람들의 얼굴에는 감사와 기쁨이 일렁였다.

2022년 8월, 우리의 연례행사는 다시 이어졌다. 우리는 마치 일상처럼 익숙하게 서로의 스케줄을 공유하고 테트리스를 하듯 식사 일정을 맞췄다.

250

그렇게 우리의 약속도 다시 이어졌다.

우리는 'See you tomorrow'라는 말을 하듯 가볍게 'See you next Festival'이라 말하며 가벼운 포옹으로 인사를 마쳤다.

Festival People

기억은 상상력의
순간이다

케니 마띠아슨
Kenny Mathieson

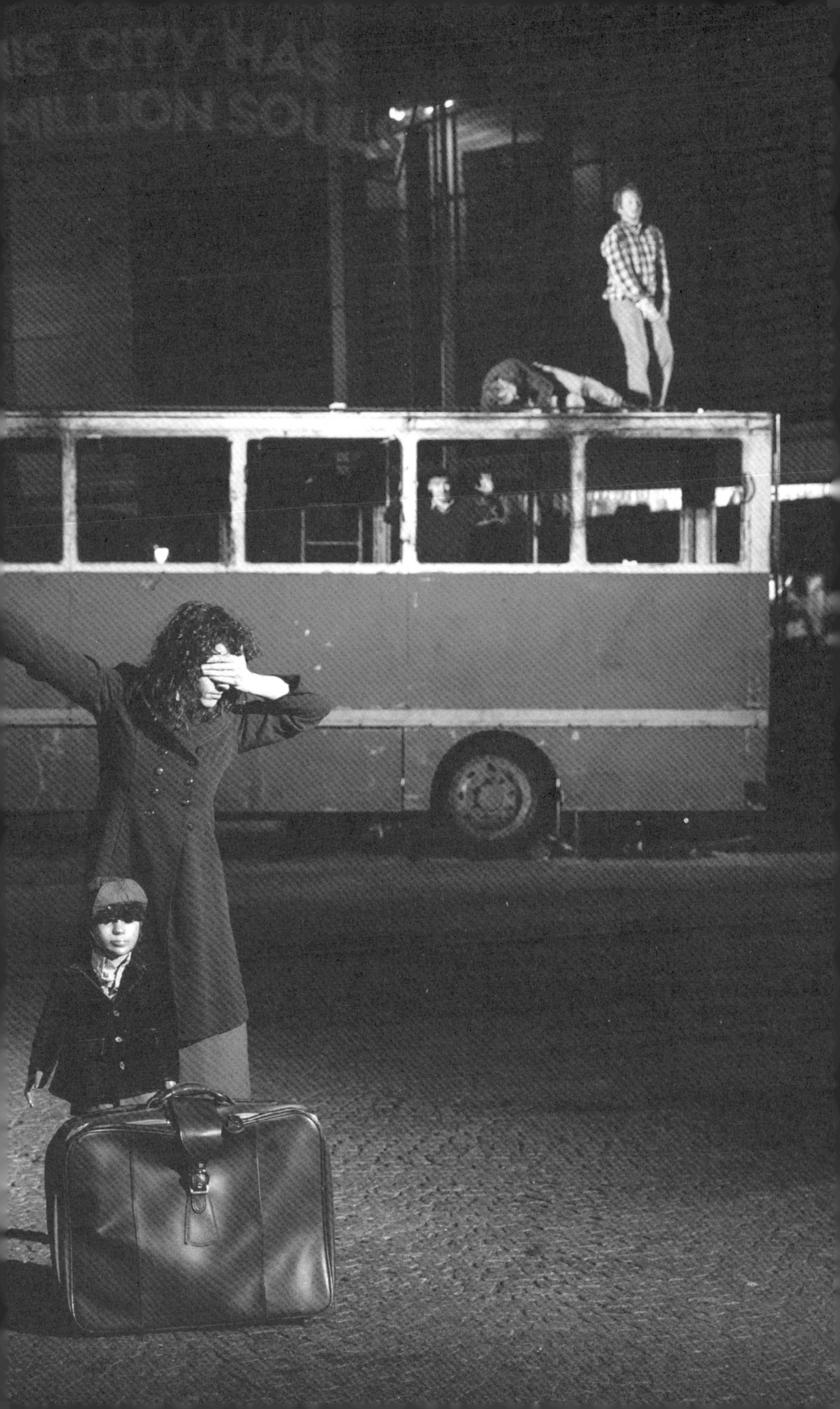

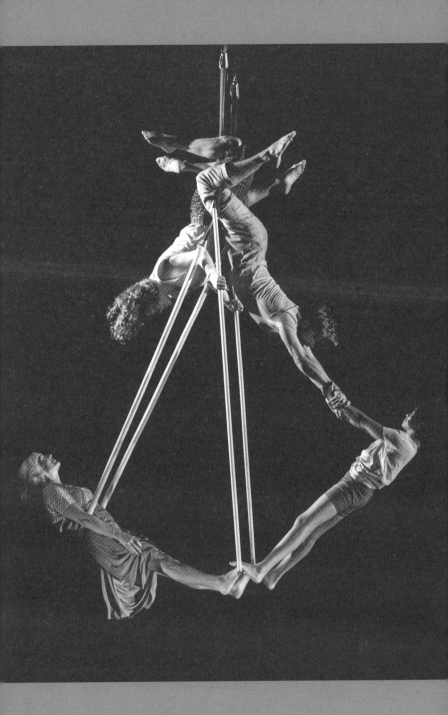

뜨거운 태양보다는

따뜻한 햇살을,

번쩍하며 떠오르는 일출보다는

잔잔히 물들이는 석양을,

그렇게 온화하고 따스한 앰버빛을 좋아한다.

무대 위 조명은

의도한 위치(Top, Back, Side, Front, Foot)에서

오브제를 비추며

시시각각 다른 감정을 끌어낸다.

짙은 앰버빛이 만들어 내는

무대 위 긴 그림자는

어릴 적 베드타임 스토리를 소환한다.

다시 꿈을 꾸게 한다.

2022년 11월 25일. 어느새 10여 년의 세월이 쌓이며 잊지 않고 생일을 챙겨주는 마음 따뜻한 언니에게서 한 사진작가의 도록을 선물 받았다.

'한' 사진작가라는 표현은 맞지 않는다. 어쩌면 언니의 최애 작가인지도 모를 그의 작품과는 수개월 전 언니 집에 방문했을 때 이미 안면을 텄으며 작가에 대한 설명도 들었으니 말이다.

'그' 사진작가의 작품은 편안하고 따뜻하며 상상력을 자극한다. 테마도 좋고 구도도 좋지만, 나의 눈이 그의 작품에 오래 머무르는 이유는 색감이다. 후작업을 최소화한다는 언니의 설명을 들으면 더 경이롭게 느껴지는 그의 작품들은 말로 표현하기 어려운 색으로 충만하여 포만감을 안겨줬다.

그의 도록에 담긴 사진 평론가가 남긴 서평 중, '기억은 상상력의 순간이다. 과거의 어떤 것이 그대로 투영되는 것이 아니라 영화처럼 투영되는 것이기에 꿈같다⋯'라는 글을 읽으며 나의 기억은 축제 테마 단편영화의 조각모음을 시작한다.

케니의 본업은 IT 기술자(였)다. 그의 직업에 대해서 내가 기억할 수 있는 건 'IT분야, 엔지니어' 딱 두 단어뿐이다. 나의 귀는 '내가 모르는 분야'의 이야기를 단기적으로 블록block하는 능력을 가지고 있다. 20여 년간 우리가 나눈 대화 속에 그의 일에 대한 내용이 분명히 있었을 텐데, 안타깝게도 나에게는 'IT, 엔지니어=내가 모르는 분야'라는 기억만이 남아 있다.

내가 기억하는 그와의 순간은 '새로 장만한 카메라와 렌즈의 브랜드와 제품명 등 디테일을 나열하며 새로운 장난감에 흥분을 감추지 못하는 아이처럼 반짝이는 눈으로 자랑을 늘어놓는 그'와 '친구의 부탁을 흔쾌히 들어주며 한국 공연의 포토콜에서 멋진 사진을 담아내는 열정적인 그', '어셈블리 갈라의 프레스 라인에 서서 진지하게 순간순간을 기록하는 그'와 '로열 마일에서 거리 아티스트들의 모습을 가장 멋지게 담아내려 집중하는 그'이다. 그중에서도 가장 많은 기억 속 장면은 '식사 자리에서나 우연히 마주친 거리에서 불쑥 카메라를 들이밀며 자신이 찍은 수천 장의 사진을 끝까지 보여줄 기세로 설명하는 그'의 모습이다.

그와 함께 한 순간들의 나는 '우쭈쭈 모드를 장착하고 내가 모르는 장비 얘기를 끝까지(는) 들어주며 영혼 없이 감탄하거나', '그가 담아낸 공연과 아티스트, 공간, 오브제 그 외의 수많은 이야기가 담긴 작품을, 영혼을 듬뿍 담아 공감하며 감탄하거나', '내가 공연에 대해 설명할 때 갈 곳 잃은 눈빛으로 영혼 없이 공감하는 그를 보면서도 끈기 있게 할 얘기를 다 하거나', '사진작가인 그에게 온전히 맡겨야 한다는 걸 알면서도 꾸역꾸역 공연의 어떤 장면은 어떻게 담아 달라고 예의 없이 요구하거나' 하는 모습이었을 것이다.

케니를 언제 어디서 처음 만났는지는 기억나지 않는다. 하지만 20년이 훌쩍 넘어가는 에든버러 축제의 기억 속에 그는 한 해도 빠짐없이 등장한다.

때때로 사전에 캐주얼한 저녁 약속을 잡아서 만날 때도 있었고, 몇몇 해에는 공연의 포토콜을 위해 시간과 공연장을 정해서 볼 때도 있었다. 하지만 우리는 약속 없이 만나게 되는 횟수가 더 많았다. 케니와 나는 어느 순간부터 약속하지 않고도 축제 기간 어디에선가 반드시 만난다는 확신을 갖게 되었다. 그가 어디에나 출몰하는 건지, 내가 그런 건지, 어느 쪽으로 설명하는 게 맞는지는 모르겠지만 그와는 매년 한 번의 예외 없이 반드시 마주쳤다.

어느 날은 어셈블리 갈라의 프레스 틈에서 그를 발견했고, 어느 날은 축제 거리 로열 마일에서 큰 소리로 불리는 내 이름에 화들짝 놀라 걸음을 멈췄다. 어느 날은 공연을 보러 서 있는 줄 사이에서 서로를 발견했고, 어느 날은 다른 약속으로 방문한 이태리 레스토랑에서 마주쳤다.

어느 순간부터 '우연한 만남에 대한 놀라움'이라는 단어는 우리에게 어울리지 않게 되었다. 나의 이름을 부르는 그의 인토네이션은 다른 친구들과 확실한 차별성을 가지고 있어, 관광객으로 가득 찬 올드타운의 골목에서도 '엔-젤라-'라고 부르는 그의 주파수를 구분할 수 있었다. 우연한 만남이 당연하다는 듯 반가운 마음만을 가득 담아 커다랗게 서로의 이름을 부르는 건 어느새 우리의 루틴이 되었다.

축제 거리인 로열 마일에는 자신들의 공연을 홍보하기 위해 10분~15분의 하이라이트 공연을 선보이는 공연팀과 서커스, 마술, 음악, 살아있는 조각상 등을 선보이는 스트리트 아티스트들, 그리고 캐리커처, 타투, 페이스페인팅을 하는 팝업샵 등 사진에 담을 소재가 넘쳐난다. 케니는 벽돌을 넣고 다니는 건 아닌지 의심이 들 정도로 무거운 카메라 가방을 메고, 긴 스트랩에 매달린 카메라를 쌍권총처럼 크로스로 걸치고, 손에는 또 하나의 카메라를 들고, 4~5개의 패스를 목에 걸고 축제 거리와 공연장을 종횡무진한다.

180cm가 넘는 키는 마른 체형 때문인지 더욱 커 보이고, 카메라를 들고 있는 가늘고 긴 손과 대화를 나눌 때 눈높이를 맞춰주느라 구부정해지는 그의 등, 그리고 사진을 찍을 때 외에는 유난히 느린 그의 움직임 때문인지 나는 그가 착한 거인 같다는 생각

이 든다. 타고난 곱슬머리와 사진을 찍을 때와 사진 이야기를 할 때 외에는 자주 초점을 잃고 방황하는 그의 진한 그레이 눈동자는 그의 얼굴에 천진난만한 아이의 표정을 담아낸다.

몇몇 한국 공연의 성공적인 유치로 해외 공연팀에게도 에든버러 축제 참가에 대한 문의를 받고 있던 2000년대 중반, 너무나 아름다운 이태리 공연에 마음을 빼앗겨 덜컥 프리젠터 계약을 진행한 나는 예외 없이 케니에게 사진 촬영을 부탁했다. 이 이태리 공연과의 인연은 나에게도, 케니에게도 매우 특별했다.

2005년 8월, 여느 때와 다름없이 커피와 수다 타임을 진행하던 닐스에게서 이태리 프로덕션에 대한 이야기를 들었다. 그 해 축제에 참가한 공연이 아니었기에 직접 볼 수는 없었지만 '이탈리아 리듬체조 국가대표로 구성된 댄스 시어터'란 그의 설명은 흥미를 불러일으키기에 충분했다.

2006년 1월, 닐스에게서 나의 이메일 주소를 받았다며 이태리 공연팀의 프로듀서 시모네에게 연락이 왔다. 자신들의 작품 중 하나로 에든버러에 참가하고 싶다는 내용이었다. 성격 급한 그는 닐스에게 나의 한국 사무실 주소까지 물어본 후 그 주소로 DVD를 보냈다고 했다.

당시 1월에는 뉴욕에, 2월에는 런던에서 머물 계획이었던 나는 한국에 우편물이 도착해도 공연 영상을 바로 확인하기는 어려울 것 같다고 회신한 후 그의 스케줄을 물어보았다.

"너는 1~2월에 어디에 있을 계획이야? 어딘가에서 만나서 영상도 보고 얘기도 나누면 좋을 것 같은데."

시모네에게서 뉴욕에 갈 수 있을지 일정을 조정해 보겠다는 회신이 왔다. 그 와중에도 내가 자신들의 공연에 대해 조금이라도 빨리 정보를 확인하고 전화 통화로라도 대화를 나눴으면 좋겠다며 자신들의 홈페이지에 이전에 공연한 3개 작품의 짧은 영상을 올리겠다고 말했다.

다음날 확인한 홈페이지에서 보게 된 영상은 닐스가 설명한 그대로였다. 이태리 공연은 기존의 신체극이나 무용공연과 확실한 차별성을 가지고 있었고 매력적이었으며 성스럽게 아름다웠다.

이태리 프로덕션의 풀네임은 '카타클로 애슬레틱 댄스 시어터 컴퍼니Kataklo Athletic Dance Theatre Company'로, 안무가이자 연출인 쥴리아 스타치올리Giulia Staccioli에 의해 1995년 설립되었다. 그녀는 1984년 로스앤젤레스 올림픽과 1988년 서울 올림픽에 출전한 이태리 리듬체조 국가대표 선수였다. 전 세계 운동선수들의 공통된 고민인 선수 생활 이후의 삶에 대해 고민하던 중, 그녀는 뉴욕으로 날아가 무용을 공부했고, 이후 자신의 프로페션인 리듬 체조와 무용으로 신체극에 도전하며 유독 선수

생명이 짧은 리듬 체조 선수들의 불투명한 미래에 대한 대안을 마련했다.

그녀에겐 서울 올림픽 출전 이외에도 한국과 특별한 인연이 있었다. 그녀의 아버지는 20세기를 대표하는 이태리 조각가 마우로 스타치올리Mauro Staccioli로 그의 거대한 조형물은 88 서울 올림픽을 기념해 1987년 올림픽공원에 설치되었다.

올림픽 선수들이 비상하는 듯한 동작을 연상시키는 그의 작품은 대리석이나 브론즈가 아닌 시멘트, 철근, 나뭇가지 등을 이용하여 간결한 형태로 제작되었다. 그는 작품이 설치될 장소에 직접 찾아가 지형과 역사에 대한 정보를 확인하고 작품이 설치될 곳에서 직접 제작함으로써 현장에서 받은 느낌을 그대로 작품에 담아내는 작가로 유명하다. (*한국에서는 올림픽공원 외에도 SBS 목동 사옥, 과천 국립현대미술관, 여의도 일신방직 본사 등에서 그의 작품을 만날 수 있다.)

한국문화를 알리겠다는 명분으로 시작한 해외 프로모션이기에 타국의 작품을 프로듀싱하지 않던 시절이었지만, 이태리 공연팀과의 만남은 가장 신뢰하는 친구의 부탁에 쥴리아 부녀의 스토리까지 더해져 마치 운명처럼 다가왔다. 이미 그들의 매력적인 작품에 마음을 빼앗긴 이후라 쥴리아 부녀의 한국에 얽힌 스토리와 애정은 공연을 함께하겠다는 결정에 명분 한 스푼을 올리는 정도였다.

줄리아의 아버지인 마우로의 작품은 수직적이면서도 수평적이고, 높으면서도 낮으며, 곡선이면서도 직선인 열린 형태로 움직임과 정지 사이에서 의미를 만들어 낸다. 차가운 철재를 사용한 작품이지만, 그 모양은 누군가 가슴을 편 채 하늘을 향해 팔을 활짝 벌리고 있는 것 같아 따뜻하고 희망적이다.

그녀의 공연도 아버지의 작품을 닮았다. 무대 중앙에 마법처럼 떠 있는 철재 프레임 위에서 인간의 몸으로 표현하는 탄성을 자아내는 움직임과 절묘하게 어우러지는 조명은 신성하다고 느끼게 하면서도 매 순간 누군가를 안고 있는 것처럼 인간적인 따뜻함을 뿜어냈다.

마우로가 자기 작품을 '개입하는 조각'이라 부른다면, 줄리아는 생동감 있는 무대언어로 '상호 개입하는 인간'의 모습을 만들어 낸다. 부녀의 같으면서도 다른 작품은 올림픽이라는 동일 테마에서 그려낸 '도전하는 인간의 창조적 고뇌'를 담아낸다.

나는 줄리아에게 축제에서 상연할 공연의 제목이 그녀의 프로덕션 이름인 〈카타클로KATAKLO〉가 되어야 한다고 말했다. 그리스 고어에서 그 유래를 찾았다는 이 단어는 "나는 나의 몸을 구부리고 뒤틀며 춤춘다"라는 뜻을 품고 있다. 그들의 지난 작업에 테마를 나눠 붙인 작품의 이름인 Indiscipline(무질서), Kataklopolis(카타클로 도시), UP(업), Livingstone(리빙스톤) 등의 단편적인 단어는 팀의 아이덴티티를 표현하는 데에 부족하다는 생각이 들었다. '카타클로'라는 단어만이 사진처럼 강하게 각인되는 이미지를 남기는 그들의 공연을 명확하게 표현했다. 공연의 제목과 메인 이미지, 공연을 소개할 글들을 함께 정리해 나가며, 작품에 대한 애정이 깊어져 갔다.

나는 에든버러에서 이 작품을 가장 잘 품어낼 공연장을 선택하기 위해 깊은 고민에 빠졌다. 파트너 공연장인 어셈블리의 경우, 22개의 공연장에 다양한 장르의 다채로운 공연을 선정하여 선보이는 것으로 유명했다. 이 작품이 어셈블리 공연장 중 한 베뉴에서 상연한다면 '원 오브 뎀One of Them'으로 스포트라이트를 받기는 어려울 것이라는 생각이 들었다. 무용전문 배뉴인 댄스 베이스는 스튜디오가 작고 층고가 낮아 작품을 온전히 담아낼 수 없었다.

축제의 메인 스트림을 조금 벗어난 뉴타운에는 하늘을 배경으로 우뚝 솟은 굴뚝 모양의 시계탑이 유명한 세인트 스테판 교회St. Stephen's Church가 있었다. 이 교회는 2001년부터 울프강에 의해 오로라 노바Aurora Nova라는 이름의 베뉴로 사용되고 있었다. 엄선한 인터내셔널 신체극과 무용 공연을 올리는 이 공연장은 2004년 가디언The Guardian으로부터 베스트 배뉴로 선정되

었고, 그가 프로그래밍한 공연들은 축제에서 가장 역사 깊고, 명망 있는 프린지 퍼스트, 해럴드 엔젤스, 토털 씨어터 어워즈 등의 메이저 시상식에서 몇 년 새 상을 휩쓸고 있었다.

오로라 노바는 마치 카타클로를 위해 일부러 디자인된 공연장 같았다. 다이아몬드 형태의 독특한 내부 구조는 센터로 집중되는 에너지로 신체극의 몰입도를 높였다. 높은 층고와 개방감 있는 공간은 배우들에게 제약 없는 움직임을 선사했다. 신체극을 상연하기에 더없이 완벽한 이 공연장에서 카타클로는 유료 객석 점유율 98%라는 성과를 거두며 축제 역사의 한 페이지를 장식했다.

그해 우리는 그 어떤 공연팀도 하지 않은 행복한 고민에 빠져야 했다. 연일 매진되는 공연 덕분에 티켓을 구할 길이 없었고, 힘겹게 선점해 놓은 2%의 티켓으로 리뷰어와 프로모터들의 관람 요구에 응하느라 우리는 기쁨의 아우성, 투정 아닌 투정을 내뱉었다.

나는 당시 유명 포토그래퍼가 아니었던 케니에게 애정하는 공연의 사진 작업을 전적으로 맡겼다. 2000년대 초반 취미로 시작한 그의 사진은 어느새 작가의 혼이 담긴 작품으로 완성되어 빛났고, 나는 그가 아름다운 신체극의 순간순간을 온전히 담아낼 수 있으리라는 확고한 믿음이 있었다.

　모든 사진 작업은 작가가 원하는 완벽한 순간을 포착해 내야 한다는 점에서 같지만, 공연 사진은 작가에게 최악의 조건을 제공한다는 점에서 차이가 있다. 공연에 맞춰 변화하는 조명은 빛이 중요한 사진 작업에 더할 나위 없는 악조건으로 작용한다. 공연자들의 동선을 사전에 파악하고 작업할 수 있는 시간과 상황이 쉽게 허락되지 않기에 공연 사진은 사진작가에게 엄청난 순발력을 요구한다. 공연은 시작과 함께 정해진 끝을 향해 달려간다. 공연의 막이 오르면 사진작가뿐 아니라 그 누구도 중간에 개입할 수 없다. 스튜디오에서의 작업처럼 '다시 한번 갈게요~'를 외칠 수 없다. 장면은 흘러가고 되돌릴 수 없으며 기회는 단 한 번이다.

　사진작가가 사진을 찍는 이유는 다양하다. 누군가는 함축적이고 조형적으로 현실의 상황을 기록하고 싶다고 말하고, 누군가는 우리의 현실 안에 존재하지만, 미처 보지 못한 풍경을 담아내며 새로움을 창조하고 싶다고 말한다. 누군가는 사진이 자기 감각과 심리를 대변해 주는 매개체라 말하고, 누군가는 마음에 드는 장면이 있을 때 셔터를 누르게 되고 그게 기쁨이라 말한다. 세상의 모든 것은 태양이 그리는 그림이라고 말하는 작가도 있다. 나는 시적인 그의 대답이 마음에 든다. 심플하게 '사진은 기록이다'로 설명을 마치는 이도 있다.

사진을 찍는 사람도, 공연을 만드는 사람도, 조형물을 만드는 사람도, 축제를 만드는 사람도, 모두 각각의 이유로 자신이 선택한 작업에 마음을 담는다. 같으면서 다른 우리는 각각의 이유를 존중하며 서로에게 선한 영향력을 행사한다. 사진과 공연, 사진과 축제, 사진과 책, 사진과 전시. 같으면서 다른 우리는 서로를 존중하고 연대하며 의지한다.

케니가 찍은 카타클로 공연 사진은 지금까지도 공연팀의 메인 포스터로 사용되고 있다. 프로덕션의 홈페이지 내에 공연소개 이미지로도 사용되고 있으며, 사진 중 일부는 이듬해 캐나다 밴드의 음반 커버에 사용되었다.

2006년, 그가 축제에서 찍은 사진은 일간지 이브닝 뉴스Evening News의 사진대회에서 2등상을 받았다. 2008년 3월, 그의 공연사진은 전 세계 81,000장의 작품이 출품된 'Photographer of the Year 2007'의 디지털카메라 흑백사진 부문에서 3위에 선정되었다. 같은 해, 스코틀랜드 국립 초상화 미술관Scottish National Portrait Gallery이 주최한 사진대회에서 그의 작품은 1등을 수상하였다. 그의 작품이 알려지는 만큼 그를 찾는 사람도 많아졌다. 그렇게 그의 목에 걸린 패스의 수도 늘어났다. 그는 공연과 축제 전문 포토그래퍼이자 여행사진작가로 이름을 알리며 한해 한해가 지날

수록 더 바빠졌다.

2022년 8월. 케니와 나는 당연한 듯 약속 없이 로열 마일에서 마주쳤다. 팬데믹도 깨지 못한 우리의 운명 같은 만남에 감사하며, 나는 다시 2023년 축제의 어느 장면에서 마주할 우리의 우연을 기대한다.

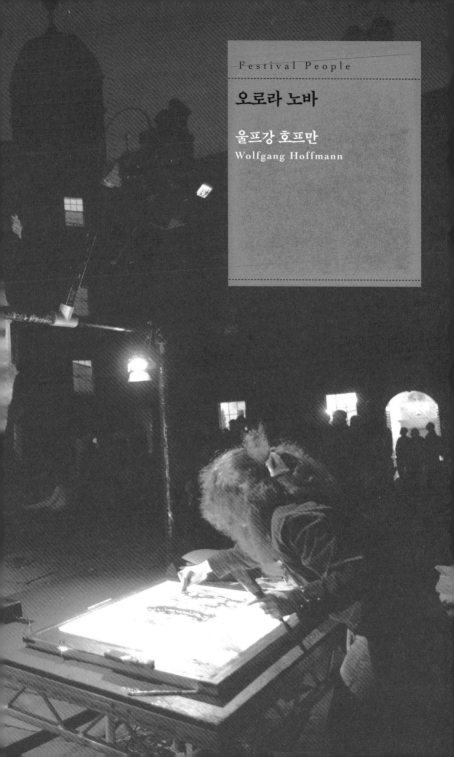

Festival People

오로라 노바

울프강 호프만
Wolfgang Hoffmann

사람이 온다는 건

한 사람의 일생이 오는 거라는

정현종 시인의 시 '방문객'을

수년째 부여잡고 있다.

'부서지기 쉬운'

그래서 '부서지기도 했을'

그 마음들을 알기에,

대수롭지 않은 듯 보이는 행동이나 말 한마디가

아프게 다가온다.

그의 과거와 현재에

내가 느낀 위로와 안도만큼,

그의 미래에는

내가 위로이자 안도가 될 수 있기를 바라며

아픔을 나누던 눈빛에

기쁨의 순간들을 담아본다.

울프강은 2012년부터 '오로라 노바Aurora Nova'라는 브랜드로 유럽의 우수한 피지컬시어터와 아트서커스를 선별하여 에든버러에 선보이고 있다. 코리안 시즌이 연극, 신체극, 음악, 무용, 가족극, 전통 등 한국의 우수한 공연을 장르별로 선정하여 선보인다면, 오로라 노바는 국가를 한정하지 않고 독일, 영국, 스웨덴, 스위스, 미국, 아르헨티나, 팔레스타인, 이란, 뉴질랜드 등지의 '피지컬과 비주얼 공연Celebration of international physical and visual theatre'을 엄선하여 선보이는 콘셉트이다.

2022년 7월, 울프강으로부터 축제에 참가한다는 반가운 이메일이 도착했다. 국가마다 코로나 상황이 다르고 정부 규제 또한 불확실성의 연속인지라 축제는 3월이 되어서야 이번 여름에는 풀 페스티벌을 진행하겠다는 공식 발표를 내놓았다. 3년 만에 개최되는 축제다운 축제는 어느새 75주년을 맞이하고 있었다.

2015년부터 코리안 시즌의 루틴은 매년 같다. 11월 선정공고를 내고 12월과 1월에 장르별 우수작품을 선정하고, 인터뷰를 거쳐 최종 참가작을 정한다. 3월의 축제 공식 발표는 엔데믹을 알리는 신호 같아 반가우면서도, 평소보다 현저히 짧은 준비기간에 대한 우려와 걱정으로 참가에 대한 고민을 안겨주었다. 코리안 시즌은 2023년을 기약하며 조금 더 긴 준비기간을 갖자는 내용으로 파트너인 어셈블리와 협의를 마쳤다.

영국이나 유럽의 국가들처럼 우리보다 축제 참가가 쉬운 프로덕션들조차 긴 고민에 빠졌다. 인플레이션과 경기침체 기사가 하루가 멀다고 흘러나오고, 러·우 전쟁으로 시작된 유가의 상승과 항공료 상승에 더해, 호텔과 에어비앤비 모두 축제 기간의 숙박비를 올렸다. 그에 비해 축제의 티켓 가격은 예년 수준에 머물고 있었다. 3년의 공백은 관객을 예측하기 어렵게 만들었고, 축제의 시스템에도 현지의 상황에도 변화가 있었다. 각 공연팀마다의 속사정에 산재한 불확실성이 겹치며 축제 참가는 그 어느 때보다 어려운 선택이 되어 있었다.

축제에 참가하고 싶은 각기 다른 수많은 이유는 경제적인 문제에 봉착하면 쉽게 좌절된다. 공연 참가를 알리는 프로덕션의 이메일은 그 수가 현저히 줄었고, 긴 고민을 반영하듯 축제 기간이 임박하여 도착했다.

7월 14일, 축제를 보름 남기고 날아온 울프강의 이메일에도 4개의 작품 소개가 담겨 있었다. 매년 8~13개 작품을 선보이던 그의 긴 이메일에 비해 현저히 짧아진 본문에서 그의 깊은 고민과 한숨이 느껴졌다.

오로라 노바의 시작은 2001년으로 거슬러 올라간다. 축제 기간 1,300여 개의 공연이 상연되던 2000년대 초, 울프강은 1828년 윌리엄 플레이페어William Playfair에 의해 디자인된 세인트 스테판 교회St. Stephen's Church를 8월 한 달간 공연장으로 탈바꿈시켰다. 무용과 신체극에 집중하는 그의 프로그램과 공연장으로 변신한 교회는 완벽한 하모니를 이루었다.

세인트 스테판 교회는 높은 층고와 무대 중앙을 빙 둘러 객석을 배치할 수 있는 다이아몬드 형태의 공간을 제공하며 무용 공연을 위해 일부러 계획하고 지은 공연장 같았다. 중앙 벽면에 있는 파이프 오르간마저 절묘하게 어우러져 신체로 표현하는 예술에 신성한 아우라를 부여하며 공연을 위한 완벽한 세트가 되어주었다. 탁월한 선택이었다.

장르를 특정하고 작품성이 우수한 소수의 공연을 프로그래밍하는 그의 전략은 축제에서 확실히 눈에 띄었다. 해를 거듭할수록 언론과 관객은 그의 프로그램에 주목했고, '오로라 노바에 가라. 어떤 공연이든 봐라. 만족할 것이다.'라는 공연장이 받을 수 있는 최고의 찬사를 얻어냈다. 어떤 공연을 하는지 알아볼 필요도 없이, 그냥 그 극장에 가서 무슨 공연이 상연되든 보라고 하는, 오로라 노바가 프로그래밍한 공연이라면 분명히 만족스러운 관람이 될 것이라는 자신감 넘치는 리뷰에 전율을 느꼈던 기억이 아직도 선명하다.

축제의 메인 거리를 벗어나 30분은 족히 걸어야 하는 곳에 있는 이 공연장을 나는 매년 기꺼이 방문했다. 2004년에는 데레보의 신작 'Reflection'을 관람하기 위해, 2005년에는 프린지 퍼스트, 토탈씨어터 어워즈, 해럴드 엔젤 등 최고의 어워즈를 석권한 '판도라 88'을 관람하기 위해 발길을 옮겼다.

2006년, 애정하는 오로라 노바에서 에든버러의 역사에 기록된 이태리 공연 '카타클로'를 상연하게 되면서 울프강과 나의 조금 특별한 인연이 시작되었다. '카타클로'는 우리에게 함께 만들어 간 성공의 추억을 각인시켰다.

수개월의 노력과 수많은 선택이 좋은 결과로 이어지는 성취는 놀랍도록 달콤하다. 하지만 모두가 아는 아픈 진실은 공연도 공연장도 그 과정의 노력과 결과가 매번 비례하지는 않는다는 점이다.

공연장을 운영한다는 건 불확실성의 연속이다. 공연장 운영으로 수익모델을 만드는 건 쉽지 않은 일이다. 최소한의 인원을 상주시키고 대관을 주 업으로 하는 공연장도 현실적으로 운영이 어려우며, 직접 공연을 제작하는 공연장의 경우 작품의 성패에 공연장의 명운이 갈리기도 한다. 흥행몰이한다고 해도 제작비가 많이 든다면 손실이 발생할 수 있다. 인건비, 운영비 등 각종 비용의 상승과 스폰서의 부재, 축제의 메인 공연장들이 올드타운으로 거점을 옮기는 등의 이슈가 겹치며, 오로라 노바는 2008년 문을 닫았다.

2013년, 나는 신문에서 우연히 '프린지 공연장 세인트 스테판 매매Fringe venue St. Stephen's for sale'라는 기사를 발견했다. 나름 문화적 충격이었다.

신문 한 귀퉁이에 실려 있는 '200년 역사를 품은 교회를 £500,000에 판매한다'라는 기사는 꽤 쓸쓸해 보였다. 세인트 스테판 교회는 이후에도 자주 매물로 나왔고 수차례 주인이 바뀌었다. 주인이 바뀌지 않는 동안에도 2008년까지는 오로라 노바로, 2010년에는 트라버스 시어터로, 2012년에는 노던 스테이지로 이름을 바꿔야 했고, 2014년 한 기업에 매각되었던 교회는 2017년 다시 매물로 나왔다. 지금은 영국 국립 발레 학교의 설립자인 피터 슈퍼스Peter Schaufuss에게 매각되어 에든버러 페스티벌 발레 스쿨로 운영되고 있다.

부동산에 문외한이라서 나만 모르는 건지. 원래 지구상의 모든 부동산은 그게 유서 깊은 교회이건 성당이건 상관없이 일정 금액을 지급하면 구매가 가능한 건지. 1828년 건립 당시 스코틀랜드 교회의 소유로 운영되었던 세인트 스테판 교회는 언제 어떤 이유로 민간의 소유로 넘겨졌을까. 이 아름다운 교회는 어찌이리 기구한 운명을 타고난 걸까.

4년의 공백 이후, 울프강은 공연장 오로라 노바가 아닌 피지컬 시어터에 특화된 오로라 노바 프로그램으로 다시 프린지를 찾았다. 코리안 시즌이 22개 공연장을 운영하는 어셈블리 페스티벌이라는 하나의 파트너 극장과 우정과 신뢰를 기반으로 운영된다면, 오로라 노바는 피지컬 시어터, 비주얼 시어터, 아트서커스 등 각각의 작품에 어울리는 여러 개의 공연장으로 분산된다.

2015년 첫해를 맞은 코리안 시즌은 한국무용과 타악이 접목되어 한바탕 멋진 판을 벌이는 전통 공연과, 댄싱9으로 이름을 알리기 시작한 안무가의 현대무용, 연금술사의 세계관을 모티브로 마술과 코미디를 접목한 퍼포먼스, 아시안 아츠 어워즈의 베스트 공연으로 선정된 가족극, 한국적 샤머니즘의 진수를 보여준 제주굿 등 장르가 다른 우수한 한국문화를 선보였다.

같은 해 오로라 노바는 가면극으로 유명한 독일 파밀리에 플롯즈famillie Floz의 '호텔 파라디소Hotel Paradiso'와 제2의 짐 캐리라 불리는 뉴질랜드 배우 트리비 위켄쇼Trygve Wakenshaw의 '크라켄Kraken', 그리고 조지 해리엇 스쿨을 배경으로 한 라이브 드로잉 프로젝션과 퍼커셔니스트의 연주가 싱크를 맞춘 '애니모션 쇼

The Animotion show'를 포함해 9개의 작품을 선보였다.

나는 오로라 노바의 찐팬이다. 오로라 노바가 공연장으로 운영되었을 때도, 프로그래밍한 작품들의 해외시장 진출을 돕는 플랫폼으로 운영되고 있는 지금도, 울프강이 선택한 작품이 좋다. 각각의 공연을 선택한 이유가 설득력 있고, 이해가 가고, 그렇게 그의 선택으로 그를 조금씩 더 이해할 수 있어 좋다.

울프강과 나는 십 년 정도 나이 차이가 난다. 하여, 각각의 연도는 다르지만 20대의 우리는 배우이자 무용수로 무대 위에 있었고, 30대의 우리는 에든버러와 서울이라는 전혀 다른 도시에서 공연장을 운영했으며 각자의 아픈 추억과 함께 문을 닫았다. 우리에겐 한때 축제를 운영했거나, 운영하고 있다는 공통점이 있다. 독일인 울프강과 한국인 나의 30년 인생이 시차를 두고 비슷한 경로로 이어진다. 신기하다.

우리는 서로가 기억하는 과거의 시간에 머

물러 있지 않고 경험과 함께 조금씩 성장해 왔다. 지금의 그는 나의 기억 속 어느 시간 속의 그가 아니며, 나 또한 그렇다. 시간을 거치며, 우리가 보고 듣고 느끼고 경험한 셀 수 없는 인생의 사건과 그 순간에 마주한 사람들을 지나 우리는 변화한 서로를 마주 본다. 완성형이 아님을 알기에 기대에 찬 눈으로 서로의 다음을 응원한다.

모든 선택에는 장단점이 존재한다. 모든 일에는 기쁨과 슬픔의 감정이 묻는다. 기쁜 일에도 아쉬움의 순간이 있고, 슬픈 일에도 배움이 있다. 그리고 결국 모든 선택에는 후회가 남는다. 1% 덜 후회할 방향으로 선택할 수만 있어도 다행이라 생각한다.

나의 상상은 가끔 어떤 선택의 순간들로 돌아간다. 영화배급사에서 스카우트 제안을 받았을 때 그 길을 선택했다면 어땠을까. 그 선택으로 이어진 20년 후의 나는 어떤 모습을 하고 있을까. 쓸데없는 단순 비교는 짧은 후회의 순간을 만든다.

제작을 마친 영화의 배급을 협의하기 위한 해외 출장은 개인 짐만 고민하면 되는 단출함이었을 것 같다는 생각과 함께, 제작을 마친 이후에도 해외 공연장의 환경에 맞춰 이뤄지는 수많은 기술 협의와 배우와 스태프의 스케줄을 고려해 진행해야 하는 항공과 세트, 소품, 의상 등의 운송으로 이어지는 복잡다단한 공연의 해외 업무가 두서없이 떠오른다.

준비를 잘 마친 현장에서도 예상치 못한 사건·사고가 끊임없이 발생하는 해외 공연과 군더더기가 떠오르지 않는 영화배급을 비교하면 할수록, 당시 나의 선택이 1% 덜 후회하는 방향이 맞았는지 선뜻 답을 내릴 수 없다. 의미 없는 비교는 가지 않은 길에 대한 아쉬움을 남긴다.

그럼에도, 종국의 내 생각은 지금 내 곁에 있는 사람들로 향한다. 그리곤 과거의 나의 선택을 지지한다. 타임슬립 영화에 자주 등장하는 이야기. 이런저런 시도 끝에 결국 모든 것을 원상태로 되돌리려 노력하는 주인공의 선택. 그 이유는 언제나 사람이다.

지금 내 옆에 있는 내가 사랑하는 사람은, 내가 좋아하는 사람은, 내가 존경하는 사람은, 내가 아끼는 사람은, 당시의 그 선택이 아니었다면 만나지 못할 인연이었을 테니 말이다. 나는 과거의 어떤 순간으로 돌아가도 반드시 같은 선택을 반복해야만 한다. 우연을 가장한 운명 같은 선택들 덕분에 우리는 지금의 모습으로 여기에 있다.

2022년 8월의 축제는 지나치게 감동적이었다. 아무리 친해도 속으로 철저히 계산하며 내가 한번 사면 너도 한번 사고를 시전하던 친구들도, 그런 셈법이 싫다고 얘기하며 매번 정확히 반을 나눠서 계산하던 친구들도 앞다투어 단말기에 카드를 들이밀었다. 유럽의 친구들에게서 지나치게 익숙한 한국의 정이 느껴졌다. 친구들의 포옹과 마주한 눈에 나는 자주 뭉클했다.

오전 10시. 축제의 하루를 시작하는 시간에 울프강과 나는 텅 빈 클럽바에서 모닝커피를 마시고 있었다. 윌리엄의 말처럼 축제 기간에 하루를 일주일처럼 사는 우리는 체력적 한계를 느끼며 누적된 피로를 감출 수 없었지만, 페스티벌 피플의 바쁜 일상에 복귀한 행복을 만끽하고 있었다.

좋은 공연이 더 넓은 무대로 나아갈 수 있기를, 더 많은 사람이 볼 수 있기를 바라며 지켜 온 그의 오로라 노바가, 나의 코리안 시즌이 이제는 부디 평안한 항해를 이어 갈 수 있기를 소망하며, 우리는 오랜 전쟁을 함께 해 온 전우처럼 말없이 서로의 어깨에 손을 올렸다.

2015년 울프강이 새해 인사로 올린 글이 좋아 소개한다. 세 살배기 쌍둥이 아들들에게 '해피 뉴 이어'를 가르쳤더니 year를 ears로 발음했다는 이야기와 함께 새해에는 새로운 귀를 갖자는 그의 제언이 담겨 있었다.

가슴에서 우러나는 소리를 듣는 귀를, 다른 이의 말을 경청하는 귀를, 모두의 말을 호의를 가지고 공감하며 들을 수 있는 한 해만큼 성숙한 '행복한 새로운 귀'를 갖는 한해가 되길 희망하며…

HAPPY NEW …EARS!

I tried to get my three-year sons to say 'Happy New Year' yesterday. They looked at me in their amused and curious way and Theo replied confidently "Happy New Ears"

Indeed! Here's to happy new ears for all of us in 2015: New improved ears that make us listen with our hearts, to both others and ourselves, in a more sympathetic way.

일하는 고모와
중2 조카의

첫 해외여행

GEORGE IV,
VISITED
SCOTLAND
MDCCCXXII.

'착한 아이'에서 '좋은 사람'이 되어가는 그에게
나는 여전히 친절함을 말한다.

현실을 사는 20대에게
이해를 바라기 어려울 수도 있는 덕목 '친절'이
후회를 덜 남기는 삶으로 이어진다고 믿기에,
나는 여전히 스스로에게도 주입식 교육을 시전하고 있는
변하지 않는 그 가치를 20대의 그에게 말한다.

일보다 사람을 봐주길,
함께 하는 이들에게 시간을 들여 어디로 가고 있는지,
왜 가고 있는지, 이해시키는 노력이
곧 사람을 얻고 시간을 버는 가장 좋은 길임을 깨닫는
순간순간이 함께하길 바란다.

친절한 말과 배려 깊은 행동으로
소중하고 감사한 선물 같은 사람들이 그의 삶을 채워 가길,
그리고 그도 그런 선물 같은 사람으로
누군가의 곁을 지켜 주길 바란다.

2017년 8월, 그 어느 해보다 특별한 에든버러의 하루가 시작되었다. 그해 봄, 드디어 오빠에게서 여름 가족 휴가 계획을 세워보겠다는 약속을 받아냈다. 일중독인 오빠에게 (제발) 가족과 함께 에든버러로 여름휴가를 보내러 오라고 말한 지는 이미 여러 해가 지난 후였다. 기쁨도 잠시, 오빠는 결국 일을 선택했고, 그렇게 또 한 번 '사랑하는 가족의 에든버러 방문이 무산되는구나' 생각하며 상심하고 있을 때 새언니에게 전화가 왔다.

"2명은 혼자 감당이 안 될 거예요. 첫째는 이제 중2니까 괜찮지 않을까 싶은데…"

새언니와 조카 2명만 보내겠다는 오빠와 오빠 혼자 두고 가기는 미안해서 안 되겠다는 새언니는 며칠의 고민 끝에 중2 첫째 조카만 보내는 데에 합의한 것 같았다. 나는 가족이 모두 오지 못한다는 안타까운 마음을 금세 잊고, '조카의 첫 해외여행 동반자가 된 고모'라는 타이틀에 심취해 흥분된 목소리를 감추지 못했다.

어릴 적, 우리는 아빠의 누나 동생들보다 엄마의 언니 동생들과 친하게 지냈다. 이모와 삼촌을 더 자주 봤기에 그랬을 수도 있지만, 고모와 고모부는 왠지 너무 '어른' 같았고 편하게 놀 수 있는 상대는 아니었다. 조카가 생기고 내가 '고모'가 되었을 때, 나는 입 밖으로 말은 안 했지만 '이모'라 불리고 싶었다. 고모라는 단어 자체가 나에겐 너무 묵직하고 멀게 느껴졌다.

조카 얘기를 하면 모두 눈에 하트가 그려지겠지만, 나는 그중에서도 콩깍지가 제대로 껴 있는 고모다. 사랑하는 마음의 크기와는 달리 일 년에 얼굴을 보는 횟수는 그리 많지 않았다. 명절이나 제사 때 오빠 집에서 1박 2일을 보내는 것 이외에 조카들과 뭔가 새로운 걸 함께 해 본 경험이 없었다. 철없는 고모에게 더할 나위 없이 좋은 기회가 찾아왔다.

축제의 첫 주는 마음에 여유가 없다. 코리안 시즌에 선정한 5개 작품의 셋업 과정을 확인하고, 첫 공연을 관람하며 관객 반응을 직접 확인한 뒤에야 어느 정도 마음을 놓을 수 있다. 5개 공연장을 돌며 부족한 셋업 시간에 고군분투하는 공연팀들과 공연장 스텝들을 독려하고, 홍보 담당인 웬디 아줌마와 5개 작품의 프리뷰를 관람하며 각각의 홍보방안을 정비하고, 언론 인터뷰와 포토콜을 진행하고, 어셈블리 갈라와 매거진 파티에 참석하다 보면 축제의 한 주가 훌쩍 지나가 버린다.

매년 루틴 같은 나의 스케줄 안에 처음으로, 아니 내 삶에 처음으로 '미성년자' 조카와의 일상이 추가되었다.

나는 누군가를 책임질 만한 재목이 못 된다. 솔직히 어린 조카보다 내가 더 손이 많이 가는 사람일지도 모른다.

바쁜 스케줄 안에 일정이 겹치면 나는 식사 시간을 제일 먼저 제외하곤 했다. 식사를 챙기는 게 건강을 챙기는 거라는 당연한 진리를 깨닫기 전까지는 늘 일이 우선이었다. 거절하는 법 없이 있는 대로 일을 떠맡았던 어느 해의 축제에서는 보름도 지나지 않아 옷들이 모두 커지고 바지가 빙빙 돌아가기 시작했다. 피골이 상접해가는 친구를 보며 주변에서는 자주 입에 주전부리를 넣어주었고, 나는 입에 뭐가 들어오는지도 모른 채 곧잘 받아먹으며 연명했던 기억이 있다. 다행히도 좋은 사람들의 지도 편달로 지금은 먹는 즐거움을 알고 스스로 건강을 챙길 줄 아는 인간이 되었으나, 당시의 나는 나 자신을 포함해 누군가를 챙겨본 적이 없었다.

중2 조카는 고모보다 머리 하나는 큰 키에 힘도 세서 고모 가방도 들어주고 고모가 업어 달라고 하면 길에서도 업어주는 아이였다. 그러니까, 누구를 키워보지 않은 고모가 보기에 조카는 이미 너무나 듬직한 어른이었다. 그런데 또 얘기를 나누다 보면 아직 아이 같기도 하고… 뭘 어디서부터 어떻게 챙겨줘야 하는지 도통 알 수가 없었다.

조카에게 뭘 먹을지 물어봐야 하는 건지, 삼시 세끼를 다 챙겨 줘야 하는 건지, 조카가 알아서 잘 챙겨 먹는 건지, 뭘 먹고 싶다고 얘기할 때까지 기다리면 되는 건지, 모르는 게 너무 많았다.

그전까지 '성인'으로만 구성된 우리 숙소의 식사 일정은 이러했다. 각자 본인의 스케줄에 맞춰 집에 비축된 식량(시리얼, 우유, 빵, 요거트, 과일, 라면, 누룽지 등) 중에서 먹고 싶은 아침을 알아서 먹고 일과를 시작했다. 스케줄이 맞으면 밖에서 점심을 같이 먹고 혹은 따로 먹고, 저녁은 누군가 집에서 요리해서 다 같이 먹거나 각자의 일정에 따라 알아서 해결할 때가 많았다.

일행 중 제일 먼저 일어나는 나의 아침 루틴은 커피를 마시며 노트북을 열어 이메일을 확인하는 것이었다. 한 시간쯤 지나서 배가 고파 오면 시리얼과 과일을 먹거나, 간단히 토스트를 먹으며 일정을 정리했다.

조카와 함께하는 1일 차 아침, 시차 때문에 새벽부터 일어나 거실로 나온 나는 소파에 앉아 깊은 고민에 빠졌다. 조카는 몇 시에 깨워야 하는 걸까? 일어날 때까지 놔두면 되는 건가? 대단한 아침을 차릴 것도 아니고 그저 시리얼 먹을 건데 같이 먹자고 꼭 깨워야 하나? 평소엔 몇 시에 일어나지? 여름방학이니까 늦잠을 자도 되는 거 아닌가?

별스럽지 않은 고민은 하루 만에 해결되었다. 자연스럽게 물흐르듯 흘러가는 대로 생활해 보는 방향으로… 일정에 맞춰 같이 움직여야 하면 깨워서 간단한 아침을 함께 먹고 외출 준비를 시켰고, 여유가 있는 날은 알아서 일어날 때까지 놔두는 융통성 있는 생활이 자리 잡아 갔다.

가로세로 정리가 잘되어 있는 소도시 에든버러는 반나절만 걸어 다니면 대략적인 도심의 지리를 파악할 수 있는 곳이다. 조카는 집과 마트, 로열 마일, 프린세스 스트리트, 공연장 그리고 해리포터 샵의 위치를 빠르게 익혀갔다.

영어를 사용할 기회를 늘린다는 이유로 나는 조카를 자주 마트에 보냈다. 크루아상, 우유, 주스, 계란, 과일 등 아침에 필요한 물품을 사 오게 했고, 돌아오는 조카의 쇼핑백에는 초코 크루아상이 한두 개씩 더 담겨 있었다.

처음 며칠 동안은 모든 일정을 함께 했다. 셋업 하는 공연장도 함께 가고, 미팅도 함께 하고, 공연도 함께 관람하고, 새벽까지 이어지는 파티에도 함께 참석했다. 동양인의 나이를 맞추기 어렵다고 말하는 외국 친구들은 조카를 대학생 인턴 정도로 생각하는 것 같았다.

조카가 나를 부르는 호칭은 고모에서 대표님으로, 대표님에서 캡틴으로, 캡틴에서 엔젤라로 바뀌어 갔다. 그렇게 우리는 함께 하는 현지 생활에 익숙해졌고, 공연이 안정궤도에 진입한 첫 주가 지나자, 하루에 몇 시간씩은 서로 다른 스케줄로 움직일 수 있게 되었다.

식탁에 앉아 노트북으로 메일을 확인하는 나와 소파에 반쯤 누워 핸드폰을 들여다보는 조카의 모습이 익숙해지던 어느 아침, 나는 조카에게 매일 하는 질문을 던졌다.

"오늘은 뭐 할 거야?"

"에든버러성에 가보려고요."

"오~, 좋은 생각이다. 조심해서 다녀와~."

조카가 혼자 에든버러성에 간다는 걸 나는 너무나 당연하게 받아들였다. 조카는 이미 (나는 몇 년 동안 존재 여부도 몰랐던) 해리포터 샵을 찾아내 매일 출근 도장을 찍고 있었고, 에든버러는 그에게도 어느새 편안한 일상의 공간이 된 것 같았다.

서울에 살면서 63빌딩, 남산, 경복궁, 남대문, 명동 등 관광객들이 방문하는 관광지에 잘 가지 않게 되는 것처럼, 제2의 고향인 에든버러에서 나는 처음 2년을 제외하고는 관광지에 가지 않게 되었다. 해외에서 친구들이 방문하는 특별한 경우를 제외하고는 나의 '일상 공간'에 관광지는 포함되지 않는 편이었다. 서울과 다를 바 없이 익숙해진 에든버러에서 나는 현지인처럼 살고 있었다.

우리는 매년 한 달간 도심 한가운데에 있는 집을 렌트해서 생활했다. 위치가 좋아 2년째 묵고 있던 숙소에서 축제 거리인 로열 마일까지는 걸어서 2분이 채 걸리지 않았다. 로열 마일을 따라 10~15분 정도 올라가면 에든버러성이 나온다.

해리포터 망토에, 그리핀도르 목도리에, 덤블도어 지팡이까지 꼼꼼히 챙겨서 나갔던 조카는 30분도 지나지 않아 집으로 돌아왔다.

"뭐 놓고 갔어?"

"고모… 거긴 보호자가 없으면 못 들어간대요…"

"어?"

"15세 이하는 보호자랑 같이 와야 티켓을 사서 들어갈 수 있대요"

몰랐다. 성인이 아닌 누군가와 함께 사는 것도 처음이고, 영국에서 미성년자를 만날 일은 더더욱 없었다. 생일이 늦어 만으로 13살인 조카는 입장권을 사는 곳에서 똑똑하게 성인 가격과 15세 이하의 가격을 확인한 후, 여권과 현금 10파운드를 내밀었다고 한다. (*2017년 에든버러성 입장료는 성인 15.50파운드, 5~15세 9.30파운드였다.)

여권을 확인한 직원은 조카가 기대한 티켓 대신에 '부모님 어디 계시니? Where's your parents?'라는 질문과 함께 여권과 현금을 돌려줬다고 한다. 보호자가 없으면 입장권을 구입할 수도, 성에 들어갈 수도 없다는 사실도 친절히 설명해 준 모양이다.

"조금만 기다려. 고모랑 같이 가자."

쿨하게 말했지만, 죄책감이 밀려왔다. 생각 없는 어른 같으니… 나이를 어디로 먹은 건지…

13년의 삶을 살고 있는 배려 넘치는 꼬마 인간은 그동안 고모의 일에 방해가 될까 봐 본인이 하고 싶은 걸 말하지 않은 것 같았다. 나는 조카와 함께 생활할 수 있다는 기쁨에 들떠 있었을 뿐, '조카와 함께' 또는 '조카를 위해' 뭘 해야겠다는 계획을 세우기는커녕 내 일정 하나 조절할 생각도 못 하고 있었다. 그제서야 나는 나의 일과 일상이 이전과 달라진 게 없다는 사실을 깨달았다.

영국을 처음 방문한 조카가 뭘 경험하면 좋을지, 어디를 가고 싶어 할지 생각해 보지 못했다. 관광객이면 누구나 방문하는 에든버러성도, 홀리루드 궁전도, 스콧 기념탑도, 세인트 자일즈 대성당도, 칼튼 힐도 데려갈 생각을 하지 못했다. 거리를 걸으며 마주치는 수많은 동상을 보며 영국의 계몽주의자들에 대해, 문학에 대해 얘기해 줄 생각도 하지 못했다.

'보호자 없이 미성년자를 들여보내지 않는 에든버러성'에 감사하며, 나는 이 글을 쓰는 지금도 슬며시 가슴을 쓸어내린다.

터닝 포인트. 무심한 일상의 공간이었던 에든버러의 곳곳은 그 시간부터 조카와의 추억이 묻어나는 특별한 공간으로 바뀌었다. 사실 조카의 첫 해외여행은 성지순례의 목적이 더 컸을지도 모른다. 에든버러는 세계 최대의 축제라는 타이틀보다 조앤 롤링Joan K. Rowling이 해리포터를 탄생시킨 곳이라는 타이틀로 더 유명해졌다. 해리포터 덕후인 조카는 고모가 일하는 곳이 우연히도 그 '성지 = 에든버러'라는 사실 덕분에 부모님 없이 떠나는 첫 해외여행에 대한 결정이 조금은 쉬웠는지도 모르겠다.

생후 4개월 된 딸과 함께 단칸방에서 생활하며 정부에서 지급하는 생활보조금으로 연명했다는 조앤 롤링의 이야기는 너무나도 유명하다. 난방비가 없어 추위를 피해 카페에서 글을 쓰기 시작했다는 일화부터 해리 포터 시리즈의 성공으로 백만장자가 된 그녀가 영국 여왕으로부터 작위와 대영제국 훈장을 받고 '세계 최고 부호 클럽'의 멤버가 되었다는 이야기까지. 해리 포터의 판타지보다 더 판타지 같고 드라마틱한 현실의 성공 신화에 사람들은 더 큰 매력을 느낀다.

수많은 관광객이 방문하는 조지 포스 브리지George IV Bridge에 있는 카페 엘러펀트 하우스The elephant house의 창문에는 '해리포터의 탄생지Harry potter's Birth place라는 문구가 붙어 있다. 조앤이 해리포터의 초안을 집필한 곳이라 홍보하고 있지만, 찐팬들은 이곳이 진정한 성지가 아니라는 사실을 알고 있다. 조앤은 1993년에 에든버러로 이사해 해리포터를 집필하기 시작했고, 카페는 1995년에 문을 열었다. 아마도 그녀는 '비밀의 방'을 집필할 때쯤, 이 카페를 자주 이용했을 것이다. 그녀가 '마법사의 돌'을 쓰기 시작한 곳은 니콜슨 스트리트Nicolson St.에 위치한 니콜슨 카페였다. 지금은 스푼Spoon으로 이름이 바뀌었지만, 건물 외벽에는 조앤 롤링의 사진과 함께 '해리포터의 앞쪽 챕터들이 여기 1층(한국 2층)에서 쓰였다'라는 내용을 담은 작은 명패가 붙어있다.

어느 인터뷰에선가 조앤은 글쓰기 좋은 장소로 카페를 꼽았다. '커피를 직접 내릴 필요가 없고, 혼자 있다는 느낌을 받지 않는 곳. 충분히 북적이지만, 테이블을 공유할 만큼 붐비지는 않는 카페'. 에든버러에서 그녀가 글을 쓴 곳은 니콜슨 카페와 앨리펀스 하우스 이외에도 트래버스 공연장 카페Traverse Theatre Café가 있다. 8월 축제기간 동안 실험적이고 작품성 있는 공연을 올리는 것으로 유명한 트래버스는 관객의 신뢰가 높은 곳이다. 나도 매년 이 공연장의 브로셔를 빼놓지 않고 읽으며 흥미로운 신작 관람을 빠뜨리지 않으려 노력한다.

조앤은 유명 인사가 된 이후로 사람 많은 카페에서 글쓰기가 힘들어지자, 카페 대신 5성급 호텔인 발모럴 호텔The Balmoral Hotel

의 552호에 머물며 글을 썼다고 한다.

에든버러는 도시 전체가 영화 세트장 같은 곳이다. 유네스코 문화유산으로 등재된 이곳의 고풍스러운 조지아풍 건물 사이사이를 걷는 것만으로도 특별한 경험이 된다.

어느 해인가 코리안 시즌 공연을 보러 온 관객 중 한 한국 대학생과 얘기를 나눌 기회가 있었다. 자신이 해리포터 덕후임을 밝힌 그는 에든버러 도시 자체를 너무나 사랑하게 됐다는 말과 함께 "저는 지금까지 조앤이 상상으로 새로운 세계를 만든 것이라고 생각했어요. 여기 와서 보니 조앤은 에든버러의 건물과 거리를 그대로 묘사한 거였네요…"라고 말했다.

조앤이 직접 언급하지는 않았지만, 에든버러 곳곳에는 해리포터를 사랑하는 팬들이 만들어 놓은 성지순례 코스가 있다. 조지 해리엇 스쿨George Heriot's School은 호그와트의 배경이 되었다고 추측되는 곳이며, 빅토리아 스트리트Victoria St. 콕번 스트리트 Cockburn St. 글라스 마켓Grass market 등 에든버러 곳곳의 거리를 걷다 보면 누구나 자신만의 '다이애건 앨리Diagon Alley'를 만나게 된다.

에든버러성 사건 이후, 나는 조카와 함께 매일 산책하듯 도시를 거닐었다. 도심 한가운데 위치한 공원묘지 그레이프라이어스

커크야드Greyfriars Kirkyard는 영국에 오는 친구들에게 꼭 가보라고 권하는 곳으로, 지금은 해리포터 성지순례 코스에서 빠뜨리면 안 될 명소가 되었다. 누구나 이용할 수 있는 공공의 장소 '공원'이라 이름 붙인 영국의 공원묘지(공동묘지)는 죽음의 무게를 서서히 덜어주고, 사랑하는 사람들과의 추억을 나의 일상과 함께하게 만들어 주는 공간이라 더 반갑다.

우리는 천천히 걸으며 묘석의 이름들을 하나씩 읽어 보았다. 익숙하지 않은 이름들은 스펠링만 보고는 어떻게 발음해야 할지 난감한 경우가 자주 발생한다. 그럴 땐 지나가는 할머니에게 'Excuse me'로 웃으며 말을 걸면 된다. 기다렸다는 듯 반갑게 다가와 발음을 세 번쯤 반복해 들려주는 할머니에게서 묘지에 얽힌 재미난 이야기를 듣게 되는 작은 횡재를 경험할 수도 있다.

조카는 몇몇 묘지 위를 덮고 있는 철창을 보며 꽤나 무서운 상상을 하는 듯 보였다. 의과대학이 유명한 에든버러에서는 다른 지역의 공원묘지에서 볼 수 없는 특이점을 발견하게 된다. 해부용 시체가 부족한 학생들이 공동묘지의 시체를 도굴해 사용하는 일이 종종 있었다는 할머니의 이야기를 들으며 도굴 방지를 위해 만들었다는 철창을 바라보았다. 해리포터로 주목받기 전부터 이 공원묘지는 '프랑켄슈타인', '지킬 앤 하이드'에 영감을 준 곳으로 유명했다. 추적추적 비가 내리며 주변이 어두워지면 왜 이

곳이 수많은 명작에 영감을 준 곳인지 단번에 이해가 된다.

누가 제일 먼저 찾아냈고 어떻게 알려지기 시작했는지는 알수 없지만, 보물찾기하듯 묘석의 이름을 읽다 보면 볼드모트의 이름인 '톰 리들'과 '맥고나걸' 교수, '무디' 교수의 이름을 만나게 된다. 국부론의 저자이자 경제학의 아버지인 애덤 스미스의 묘지와 충직함으로 스타덤에 오른 강아지 바비의 무덤도 있으니 가벼운 마음으로 산책하듯 방문했다가 돌연 이야기 무덤에서 헤어 나오지 못할 수도 있다.

조앤은 소설에 나오는 다양한 캐릭터 이름들을 여러 장소에서 수집했다고 말했다. 지도 위 거리 이름을 따 오기도 했고, 오래된 책 속 인물이나 주변 사람들의 이름 혹은 성인들의 이름을 사용하기도 했다고 말했다. 산책하러 나간 공원의 묘석에서 본 이름이 우연히 기억에 남아 사용하기도 했을 것이다. 그녀가 직접적으로 톰 리들의 이름을 이곳의 묘석에서 가져왔다고 말한 적은 없지만, 팬들의 애정 어린 시선과 관심은 보물찾기하듯 캐릭터의 이름들을 발견해 냈고 에든버러 곳곳을 성지로 만들어 갔다.

모든 성지를 돌아보지 않더라도 대부분의 팬이 잊지 않고 방문하는 곳은 기념품 가게일 것이다. 조카의 방문 기간 나는 그를 '중국 부호'라고 불렀다. 해외 공연을 갈 때면 배우와 스텝들에게 지급하는 퍼디엠을 나는 조카에게도 지급했다. 조카의 퍼디엠은 고스란히 해리포터 샵에 상납되는 것 같았다. 매일 두 손 무겁게 집으로 돌아오는 후덕한 그의 얼굴엔 빈틈없는 행복이 묻어났다.

에든버러에서 시간이 날 때마다 찾아가는 서점 중 한 곳인 블랙웰스 북샵Blackwell's Bookshop은 집에서 뛰어가면 2분도 걸리지 않는 거리에 있었다. 이곳에선 다양한 분야별 책들 이외에 개인적으로 좋아하는 페이퍼 블랭크paper blank의 노트와 문구류가 판매되고 있었다. 특이하게도 그해 서점의 진열장에는 님프스 2000과 덤블도어의 지팡이가 진열되어 있었고, 나는 조카 덕분에 내가 사랑하는 이 서점에서 해리포터 시리즈의 특별판과 몇몇 고가의 기념품을 판매하고 있다는 사실을 알게 되었다.

조카는 물욕이 있는 아이가 아니다. 명절에 용돈을 주어도 금액에 큰 관심이 없었고, 뭘 갖고 싶다고, 사달라고 하는 걸 본 적이 없었다. 에든버러에서도 본인의 퍼디엠 내에서 군것질을 포기하고 덕후의 본업에 충실했다는 사실을 알고 있다.

그러나 그 순간 나는 본능적으로 알 수 있었다. '아… 저건 사줘야겠구나.' 조카는 나에게 직접적으로 말하지 않았지만, 시간이 멈춘 듯 못 박힌 그의 시선과 애정 가득한 눈빛이 닿아 있는 곳에 덤블도어 지팡이가 있었다.

"저것 좀 보여주실래요? Can I have a look?"

나는 진열장에 있는 덤블도어 지팡이를 손으로 가리키며 점원에게 꺼내서 보여 달라고 말했다. 그는 박스를 조심스럽게 꺼낸 후, 티파니에서 고급 주얼리를 만지는 사람처럼 흰 장갑을 끼고 지팡이를 곱게 싸고 있는 실크를 걷어냈다. 나의 머릿속은 조카의 벌어진 입 사이로 금방이라도 침이 흘러내릴 것 같다는 만화적 상상을 했고, 지팡이보다는 조카의 반짝이는 얼굴에서 눈을 뗄 수가 없었다. 탁월한 선택이었고 의미 있는 선물이었다.

매일 교복처럼 해리포터 망토와 모자, 그리핀도르 목도리에 덤블도어 지팡이를 들고 다니는 조카에게, 지나가는 사람들은 '그리핀도르에 10점 추가. 10 points for Gryffindor.'라고 말하며 맑은 웃음으로 화답했다.

8월의 에든버러에는 공연을 알리기 위해 다양한 의상과 화려한(혹은 희한한) 분장을 하고 활보하는 아티스트들이 넘쳐난다. 날마다 핼러윈이고, 낮부터 밤까지 가면무도회가 펼쳐지는 듯한 이 도시에서 조카는 '너무 행복하다'라고 말했다.

어떤 표현도 비난받지 않는 곳, 나 자신을 있는 그대로 표현하고 받아들여지는 곳. 조카의 표정을 보니 그는 이곳에서 '그냥 나 자신이기만 해도 괜찮다'라는 만고의 진리를 깨달은 듯했다.

리뷰
Review

●　　　　　작가와의 인연은 10년 전으로 거슬러 올라간다. 영국
런던에서 한국문화원장으로 근무하던 2013년, 에든버러 페스티벌(1947
년), 브라이턴 페스티벌(1967년)과 함께 영국에서 가장 전통 있는 문화예
술 축제 중 하나로 꼽히는 시티오브런던 페스티벌COLF에서 2014년 축
제의 주빈국을 한국으로 선정한다는 소식을 들었다. 당시에도 한류 덕분
에 우리나라가 해외에 많이 소개되고 있었지만, 영국의 권위 있는 축제
에서 서울을 메인 테마로 선정하고 "서울 인 더 시티Seoul in the City"라는
행사명을 가지고 연극, 현대무용, 국악, 클래식, 비보잉 등 10여 개의 다
양한 우리 문화를 현지에 소개한다는 것은 엄청난 일이었다.

대사관이나 문화원 등 국가적인 차원에서 나서도 어려운 일이 가능했던
것은 당시 축제위원장으로 새로 취임한 폴 거진과 작가와의 에든버러부
터 시작된 오랜 인연 덕분이었다. 아직도 세인트 폴 대성당에서 마에스
트로 정명훈이 런던심포니를 지휘한 베토벤의 교향곡 9번 합창의 감동
이 떠올려지곤 한다.

이후에도 그녀는 에든버러의 대표적인 극장인 어셈블리에서 코리안 시
즌을 개최하며 우리나라 공연팀이 현지에 진출하는 데 큰 도움을 주었다.
작가의 에든버러 등 해외에서의 오랜 경험과 네트워크가 없었다면 결코
가능하지 않은 일이다.

이 책을 읽으면서 10여년간의 인연이 머리를 스쳐간다. 아직 모든 여건이
녹록지 않은 상황에서, 코로나 등의 숱한 어려움을 이겨내고 공연을 제작
하며 예술 현장을 묵묵히 지켜가는 것도 실로 대단한 일인데, 호주, 영국

등 국제무대에 우리 공연예술을 소개하려는 작가의 쉼 없는 노력을 보면 감탄과 존경을 금할 수 없다. 공연예술에 대한 사랑, 헌신, 그리고 사명감이 없다면 실로 가능하지 않은 일이다. 그간의 노고에 박수를 보낸다.

김갑수, 충북문화재단 대표이사 / 前 문화체육관광부 기획조정실장

●   1999, 2010, 2020, 그리고 지금. 작가가 걸어왔던 또 앞으로 걸어갈 길의 목적지는 어디일까? 지난 25년간 해외 축제를 기획하고 참여하며 얻은 소중한 인연들의 이야기가 모인 글을 읽으며 한 사람의 아직 끝나지 않은 이야기를 들여다본다. 긴 시간의 구체적인 에피소드로 다양한 세계의 친구들을 통해 삶에 대한 이해와 공감을 넓혀간 그녀의 이야기에 힘이 실린다.

한국문화예술을 경험해 보지 않은 세계인들에게 코리안 시즌을 통해 한국을 보여주고 알리고자 한 그녀의 기획 및 우직한 운영, 숨은 노고에 박수를 보낸다.

작가의 지난 시절 쌓아 온 소중한 인연과 작품들을 통해, 그리고 앞으로의 인연들을 통해, 에든버러 축제와 같은 오랜 세월 세계시장에서 통용되는 축제, 아시아를 대표하는 한국형 페스티벌이 만들어지길 기대해 본다.

김병석, (재)국립정동극장 이사장 / 前 CJ E&M 공연부문 대표

●   "페스티벌 피플"은 세계적인 페스티벌에 한류 바람을 불어넣고 있는 저자의 다양한 도전과 경험, 성취를 통해 공연 축제의

역사와 문화적인 의미를 새롭게 이해하도록 돕는다. 다양한 사람들이 서로 이해하고 존중하는 축제의 매력적인 면모를 발견하게 한다.

한국 문화를 알리는 전령사로서의 공연 축제 기획자의 열정과 업무에 대한 저자의 진솔한 이야기는 공연 축제 산업에 종사하고자 하는 사람들뿐만 아니라 문화예술과 축제를 즐기는 독자들에게 축제의 매력과 가치에 대한 새로운 시각을 제시한다. 특히, 축제는 사람들이 함께 모여 즐기고 소통하며, 서로를 평등하게 대우하고 평화로운 관계를 형성할 기회를 제공한다는 저자의 시선과 삶의 방식을 통해, 서로의 다름을 다양성으로 이해하고 다양한 문화와 관습을 경험하고 이해하는 공감의 장으로 사람들의 시각을 넓히고, 서로를 더 잘 이해하고 존중할 수 있는 다양성과 평등의 평화로운 세상을 향한 희망을 발견할 것이다.

김학수, 국제지도자연합 세계총재 / 제7대 UN사무차장 겸 UN에스캅 사무총장

●   매년 여름 스코틀랜드에서 열리는 에든버러 축제는 세계 각국에서 열리는 문화행사 중에서도 가장 대표되는 페스티벌이다. 3주간 열리는 축제에는 연극, 클래식 음악, 오페라 등 각국의 수준 높은 작품들이 쏟아져 나온다. 문화 마켓의 글로벌 광장이라는 말이 어색하지 않다.

그런데 이번에 작가가 에든버러 축제의 열기와 감흥을 느낄 수 있는 '페스티벌 피플'를 집필한 것을 읽고 보니, 평소 그녀가 보였던 '무덤덤한 섬세함'에 놀라지 않을 수 없었다. 자세한 기록과 슈퍼 울트라 기억력이 아니고서는 터치할 수 있는 내용이 아니었기 때문이다.

이 책은 에든버러 축제와 관련된 내용이 대부분이지만 그녀의 인생관과

아이덴티티를 느낄 수 있는 매력 창고로 한장 한장 읽다 보면 서서히 스며들어 작가의 인생 파노라마를 보는듯한 착각에 빠진다. 그녀의 열정, 환희, 아쉬움, 희망이 숨 쉬지 않는 행간이 없다.

코리아, 대한민국, 엔젤라 권. 그녀는 어느덧 제2차 세계대전 이후 황폐해진 문화의 부흥과 인간애를 꽃피우기 위해 시작된 에든버러 축제의 DNA를 형성하는 꽃이 되었다.

박상영, 광동제약 CEO-CSEO 부사장

●　　　　　처음 에든버러 축제에 참가하는 사람들에게 농담처럼 이런 말을 하곤 한다. "에든버러에서 어깨만 부딪쳐도 엔젤라와 아는 사람일 경우가 많다." 듣는 이들은 웃음과 함께 반신반의하는 반응을 보인다. 하지만 8월 축제의 카페, 공연장, 건널목, 올드타운 거리에서 그녀를 알아보고 너무나도 반갑게 인사하는 수많은 친구를 보면 의심은 놀라움과 신기함으로 변한다. 오랜 시간 축적된 신뢰와 우정을 기반으로 한 만남이 그녀에게 전 세계 수많은 친구와 파트너를 선물해 준 것이다.

한국의 문화예술이 세계로 나아갈 수 있도록, '에든버러 페스티벌 프린지'라는 전쟁터에서 긴 시간 꾸준히 축제를 만들고, 알리고, 유지해 온 그녀와 친구들의 특별한 이야기는 마치 흑백필름처럼 묘사되어, 나 자신에게도 에든버러에서의 행복했던 추억을 떠올릴 수 있는 귀한 시간이었다. 8월의 어느 날 에든버러에서 일어나는 마법 같은 일들을 직접 경험할 수 있다면, 누구에게나 인생 최고의 추억이 될 것이다.

손혁일, 글로벌문화교류위원회 위원 / 공연 프로듀서

● 　　　저자가 에든버러 축제에 관한 책을 썼다고 원고를 보내왔다. 정말 단숨에 읽었고, 24년 전 에든버러의 추억에서 한동안 빠져나오지 못했다.

내가 작가를 처음 만난 건 1999년 난타가 에든버러 공연을 준비하던 때였다. 97년에 초연한 난타를 세계 공연시장에 알리기 위해 그 당시 우리나라에서는 잘 알려지지 않았던 에든버러 페스티벌에 선보이려 준비하던 시기였다. 해외 공연인지라 영어가 가능한 연출부 스텝이 필요했고 그때 선발한 사람이 바로 엔젤라 권이었다. 내 기억으로는 그 당시 엔지라는 애칭으로 불렸었고 첫인상은 앳된 소녀 같았다. 어려 보이는 첫인상에 일을 잘할 수 있을까 걱정스럽기도 했지만, 뜻밖에도 그녀는 나이에 걸맞지 않게 침착했고 때로는 당돌하기도 했으며 에든버러와 그 이후 이어진 해외 공연에서 기대 이상의 역량을 보여주었다.

그 이후 세월이 흘러 작가가 에든버러에서 코리안 시즌을 개최한다는 소식을 듣게 됐고, 공연을 제작하는 프로듀서로 활동한다는 얘기도 듣게 됐다. 그런데 이 책을 보니 그녀는 내가 생각했던 것보다 훨씬 더 큰 일을 해내고 있었고 지금도 활발히 진행 중이라는 걸 알 수 있다. 이제는 에든버러 페스티벌이 우리나라 공연계에 모르는 사람이 없을 정도로 유명해졌다. 이는 작가의 에든버러에 대한 사랑과 한국공연예술에 대한 애착이 컸기 때문일 것이다.

에든버러를 잘 모르는 분들도 이 책을 읽다 보면 페스티벌의 매력에 푹 빠져들게 될 것이다. 한국공연예술을 에든버러 페스티벌을 통해 세계에 알리려고 노력해 온 그간의 노고에 아낌없는 박수를 보낸다.

송승환, PMC프로덕션 예술감독

● 　　　작가와는 뜨거운 가슴 하나로 무모한 도전을 하던 시기에 만났습니다. 그녀는 공연예술의 지속가능성을 위해, 저는 한류의 지속가능성을 위해 순수한 열정 하나로 의기투합했었지요. 그러나 우리 각자의 항해는 순탄치만은 않았고 벽에 부딪힐 때도 많았습니다.

십여 년의 세월을 지나오면서 무모해 보였던 그녀의 공연 사랑이 단단히 뿌리 내린 나무가 되어 성장해 감을 보고 있습니다. 이 세상 모든 이데올로기에 배신당하고 각자도생의 삶을 사는 지금 오직 휴머니즘만이 희망입니다. 이 책을 통해 축제의 현장에 바로 그 휴머니즘이 살아있음을 절절히 느낍니다. 무던히 느리게 기어가는 달팽이가 우정으로 사랑으로 바다를 건너는 기적을 보며 저는 다시 한번 뜨거운 마음이 됩니다.

오유경, 갤러리 평창동1번지 대표 / 前 KBS 아나운서

● 　　　'페스티벌 피플'을 읽으며, 1999년 뉴욕 브로드웨이에서 작업하면서 만났던 그녀의 앳된 모습과 시간이 훌쩍 지나서 2015년 극단 하땅세가 에든버러 코리안 시즌에 선정되어 공연에 도움을 주던 열정적인 모습의 그녀가 떠올랐다. 일할 때 보여 준 해맑은 웃음과 정열적인 모습 이면에 있는 작가 개인의 아픔과 기쁨에 공감하면서 에든버러 이야기에 푹 빠져드는 시간이었다. 저자가 공연을 사랑하는 만큼 그 책임감으로 경험한 쓰라린 경험들에 공감하며, 그럼에도 해야 할 일을 지속하는 그녀에게 뜨거운 응원과 박수를 보낸다. 저자의 글에서 자신을 도와준 주변 사람들에 대한 고마움과 사랑이 가득 느껴진다. 에든버러 축제에서 코리안 시즌을 만들고 이끌어 온 힘든 과정에 감사함을 전한다. 태양극단의 아리안느 뮤쉬킨은 "매 공연이 어떤 관객에게는 평생 처음

보는 공연이고, 누군가에게는 마지막 연극이다"라는 생각으로 만든다고 말했다. 당신이 공연을 지켜주고 있기에…

윤시중, 극단 하땅세 연출 / 한국예술종합학교 무대미술과 교수

●　　　　　　저는 10여 년 넘게 개그공연장을 운영하고, 공연을 만들며, 무수히 많은 개그맨을 배출하는 일을 해오고 있습니다. 막연히 대한민국의 뛰어난 코미디 장르를 해외에 선보이고 싶었고, 그중에도 공연하는 이들의 꿈의 무대인 에든버러 페스티벌에 우리 팀의 공연을 올리고 싶다는 꿈을 가지고 있었습니다.

주변에 에든버러에 대해 이야기할 때마다 신기하게도 모두가 '엔젤라 권' 님과 연락해 보라고 말씀해 주셨고 용기를 내어 만나게 되었습니다. 시간 가는 줄 모르고 이야기를 나누며 작가님의 공연에 관한 해박한 지식과 다양한 경험과 따뜻함을 느꼈습니다.

공연을 만드는 일이 얼마나 고되고 쉽지 않은 일인지 알기에 그 오랜 시간 동안 묵묵히 제작하시고 코리안 시즌을 지켜오신 뚝심에, 그리고 여전히 소녀 같은 감성을 잃지 않은 모습에 놀랐습니다.

해외 공연 무대를 꿈꾸는 이들의 등대이자 잔다르크, 프론티어라는 단어를 떠오르게 하는 그녀의 여정을 이렇게 책으로 만나볼 수 있어 얼마나 감사하고 다행이고 기쁜지 모르겠습니다. 남들이 가지 않은 길을 가야 할 많은 독자분께서 앞으로도 어디선가 빛나며 많은 이들을 이끌어 주실 저자의 이야기를 읽어 보시면 좋을 것 같습니다.

윤형빈, 개그맨 / 극장장

● 　　　　1999년부터 에든버러 페스티벌에 참가해 해외 관객
들에게 당시 생소했던 한국의 공연을 선보이기 시작했고, 이제는 성황리
에 코리안 시즌을 개최하고 있는 작가의 25년의 여정이 책 속에 펼쳐진다.
공연에 대한, 페스티벌에 대한 그녀의 사랑과 열정에 박수를 보낸다. 긴
시간 동안 국내외의 많은 인연과 함께 K-공연을 세계에 알리고 있는 개
척자의 길을 따라가다 보면 세계에서 커가는 한국 공연예술 콘텐츠의 힘
이 느껴진다. 그 길을 따라 더 많은 Korean festival people의 도전이 있기
를 기대해 본다.
'날마다 페스티벌 속에 살아가는 한 사람으로 이 글을 씁니다.'

　　　　　　　　　　　　　　　　　　　　최홍훈, 롯데월드 대표이사

● 　　　　"페스티벌 피플"이 세상에 모습을 드러낸다는 소식
을 듣고 작은 흥분에 휩싸였다. 작가의 지난날이 눈에 스쳤다. 처음 그녀
를 만난 건 서울시에서 주관한 관광정책 토론회였다. 서울시 관광을 어
떻게 하면 더 잘 이끌 수 있을 것인가를 논하는 자리였다. 여리여리한 모
습과 달리 그녀는 당찼다. 작가의 발언을 지켜보면서, 얼핏 보기에 30대
초반으로 보이는 여성이 600석 규모 극장의 대표라는 사실에 놀랐다. 이
렇게 작가와의 인연이 시작되었다.
작가는 Angella Kwon이라는 이름으로 국제적으로 더 잘 알려져 있다. 한
류가 전 세계적으로 명성을 얻기까지 수많은 사람이 보이지 않는 곳에서
큰 노력을 해왔다. 그녀가 없었다면 우리나라 공연문화가 국제적으로 오
늘날과 같은 평을 받을 수 있었을까 싶다. 난타가 처음 에든버러 축제에
진출할 때 실무를 맡아서 담당한 것을 시작으로, 점프, 셰프(비밥), 코리

안 드럼, 타고 등 지금은 한국을 대표하는 공연을 국제무대에 데뷔시킨 장본인이다. 에든버러 코리안시즌 예술감독, 호주 애들레이드 축제의 심사위원을 필두로 그녀의 활동은 그야말로 지구촌이 좁다 하고, 이 나라 저 나라를 누비며 한국공연문화의 위상을 드높이고 있다.

지금 이 시각에도 세상은 복잡다단하게 움직인다. 어느 한쪽에서는 전쟁과 폭동이, 또 어느 한쪽에서는 축제가 펼쳐진다. 우리가 사는 세상이다. 축제는 하늘에 제례를 지내는 일에서 유래되었다. "페스티벌 피플" 참 멋진 제목이다. 축제의 사람들. 이 세상의 슬픔이 사라지고, 모든 이의 일상이 축제이며 행복할 수 있는 세상, 작가는 이런 세상을 꿈꾸며 이 책을 쓰지 않았을까 싶다. 일독을 권한다.

한범수, 경기대학교 문화관광대 교수 / 前 (사)한국관광학회 20대 회장

●   Angella Kwon has done an incredible job over the last 25 years of bringing Korean performance work to Assembly at the Edinburgh Festival Fringe. This led to a season of Korean work happening each year since 2013. The point of the Edinburgh Festival is to give shows a showcase and opportunity to be seen by an international audience and producers from around the world, whilst fostering good will between nations. In effect she has been a remarkable cultural ambassador and continues to champion the exchange of work and ideas. This has taken no mean amount of personal devotion and she should be celebrated for this.

윌리엄 버뎃-쿠츠, 어셈블리 페스티벌 창립자 & 예술감독